LAURA SOFIE HANTKE & LUCAS GRASSMANN

IN UNSRER KÜCHE WIRD *weiter* GEDRUCKT

KREATIVE KLEINAUFLAGEN HANDGEMACHT

mit spektakulären Neuigkeiten

verlag hermann schmidt

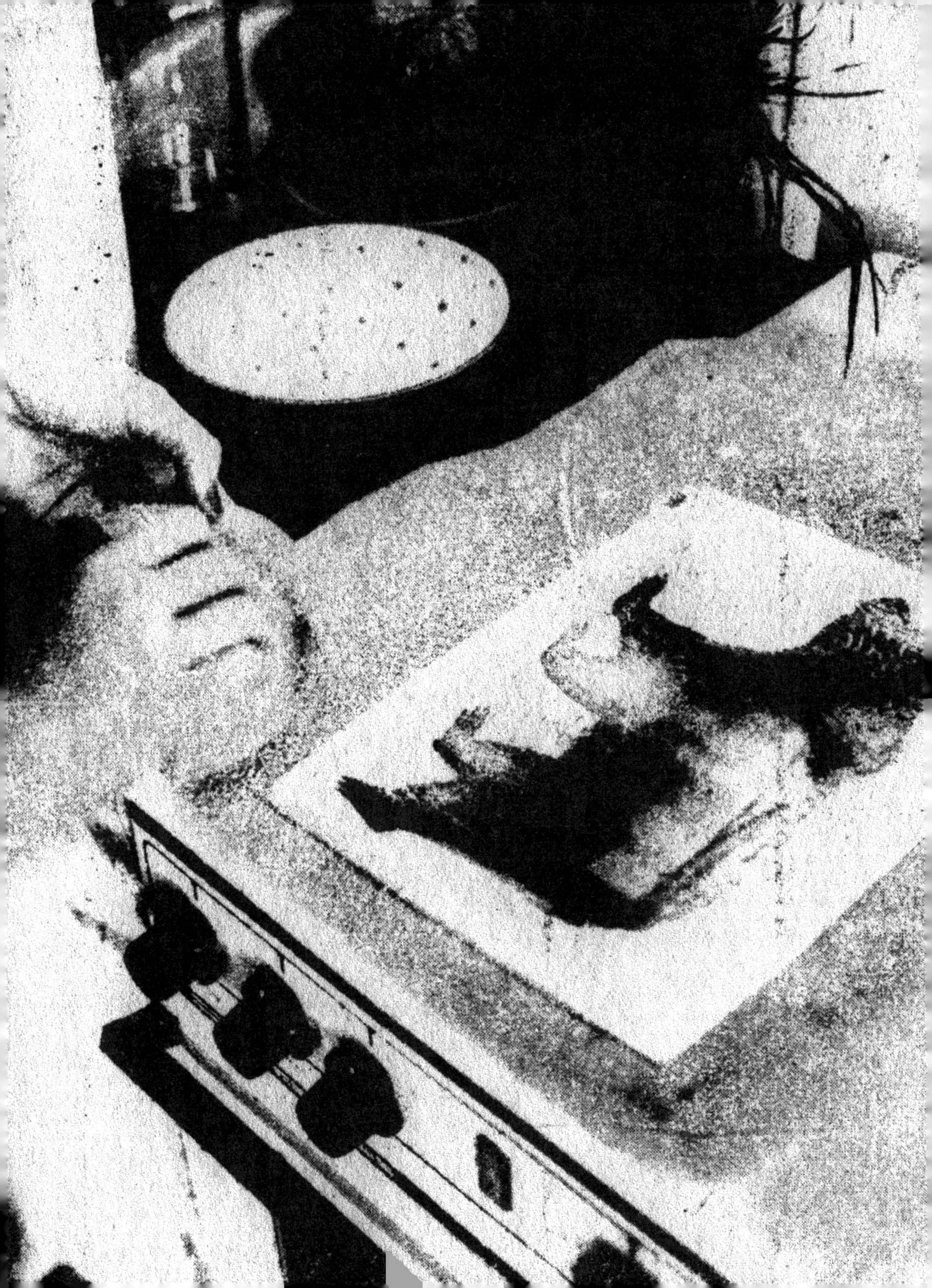

INHALT

Salut, liebe Freunde des Küchendrucks,
und herzlich willkommen in unsrer Küche!

Wir lieben handgedruckte Kostbarkeiten, den Geruch von Druckfarben, das Spüren von tollen Papieren. Während unseres Designstudiums hatten wir unendlich viele Möglichkeiten, Drucke herzustellen: von Linoldruck über Radierungen bis hin zum Siebdruck. Als sich das Studium dem Ende näherte, wurde uns bewusst, dass wir all diese Möglichkeiten erstmal nicht mehr haben werden. Also haben wir uns auf die Suche nach einem Druckverfahren gemacht, das uns qualitativ hochwertige Drucke ermöglicht, ohne an die Ausrüstung einer Druckwerkstatt gebunden zu sein.

Auf unserer Suche sind wir auf »Kitchen Litho« gestoßen, ein besonderes Druckverfahren, das von der Französin Émilie Aizier-Brouard alias Emilion entwickelt wurde. Diese Technik ist schnell, günstig und absolut ungiftig und sie basiert auf dem Prinzip der Lithografie. Das Faszinierende daran ist, dass man hauptsächlich Materialien verwendet, die man meistens eh schon zu Hause hat. So wird Alufolie zur Druckplatte, Terpentin wird durch einfaches Pflanzenöl ersetzt und zum Ätzen der Druckplatte nutzen wir Cola.

Das klingt einfach, und das ist es auch, aber am Anfang ging bei uns vieles schief. Aus Pleiten, Pech und Pannen haben wir gelernt und die Drucktechnik an unsere Bedürfnisse als Kreative angepasst und weiterentwickelt. Unsere Erkenntnisse und den Spaß, den wir dabei hatten, wollen wir in unserem Buch gerne mit dir teilen, damit du von Anfang an Freude am Drucken hast.

Neun Jahre ist es nun her, dass die erste Auflage von »In unsrer Küche wird gedruckt« druckfrisch auf der Buchmesse erschien und dann – völlig unerwartet – in wenigen Wochen schon nachgedruckt werden musste. Durch die englische und spanische Ausgabe haben wir Kontakt zu Küchendruckern auf der ganzen Welt. Das schätzen wir sehr.

Unsere Workshops haben uns an viele verschiedene Orte in Deutschland und auch in andere Länder gebracht, wo wir Menschen mit der gleichen Leidenschaft getroffen und neue Freundschaften geknüpft haben.

Schon lange waren wir auf der Suche nach einer digitalen Möglichkeit, Motive auf unsere Druckplatten zu übertragen, um so den Schritt der Zeichnung zu erweitern. Also schnitten wir Alufolie auf A4 zu, legten sie in den Drucker und ... crashten ihn. Die Trommel war hinüber. Ärgerlich! Aber kein Grund zum Aufgeben. Aus unseren ersten Versuchen mit Kitchen Litho haben wir eines mitgenommen – Durchhaltevermögen. Also bestellten wir eine neue Trommel. Beim zweiten Versuch klebten wir die Alufolie, kleiner als DIN A4, ringsherum mit Klebeband auf ein A4-Papier. Und es funktionierte! Der Drucker zog das Papier ein und bedruckte die darauf befestigte Alufolie. Jetzt mussten nur noch die nachfolgenden Schritte funktionieren. Und es hat geklappt!

Die Welt des Küchendrucks wurde mit einem Mal so viel weiter. Die Möglichkeiten, die sich durch dieses erfolgreiche Experiment ergaben, übertrafen alles, was wir bisher drucken konnten. Digitale und analoge Motive konnten wir nun auf einer Druckplatte vereinen. Handgemalte Zeichnungen können durch digitale Fotos und Schriften, auch in sehr kleinen Schriftgrößen, ergänzt werden – völlig neue gestalterische Horizonte tun sich auf ...

Viel Freude beim Experimentieren und Ausprobieren!
Laura und Lucas

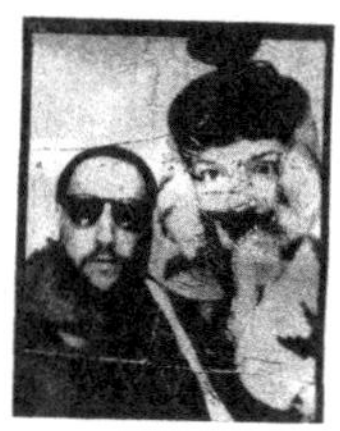

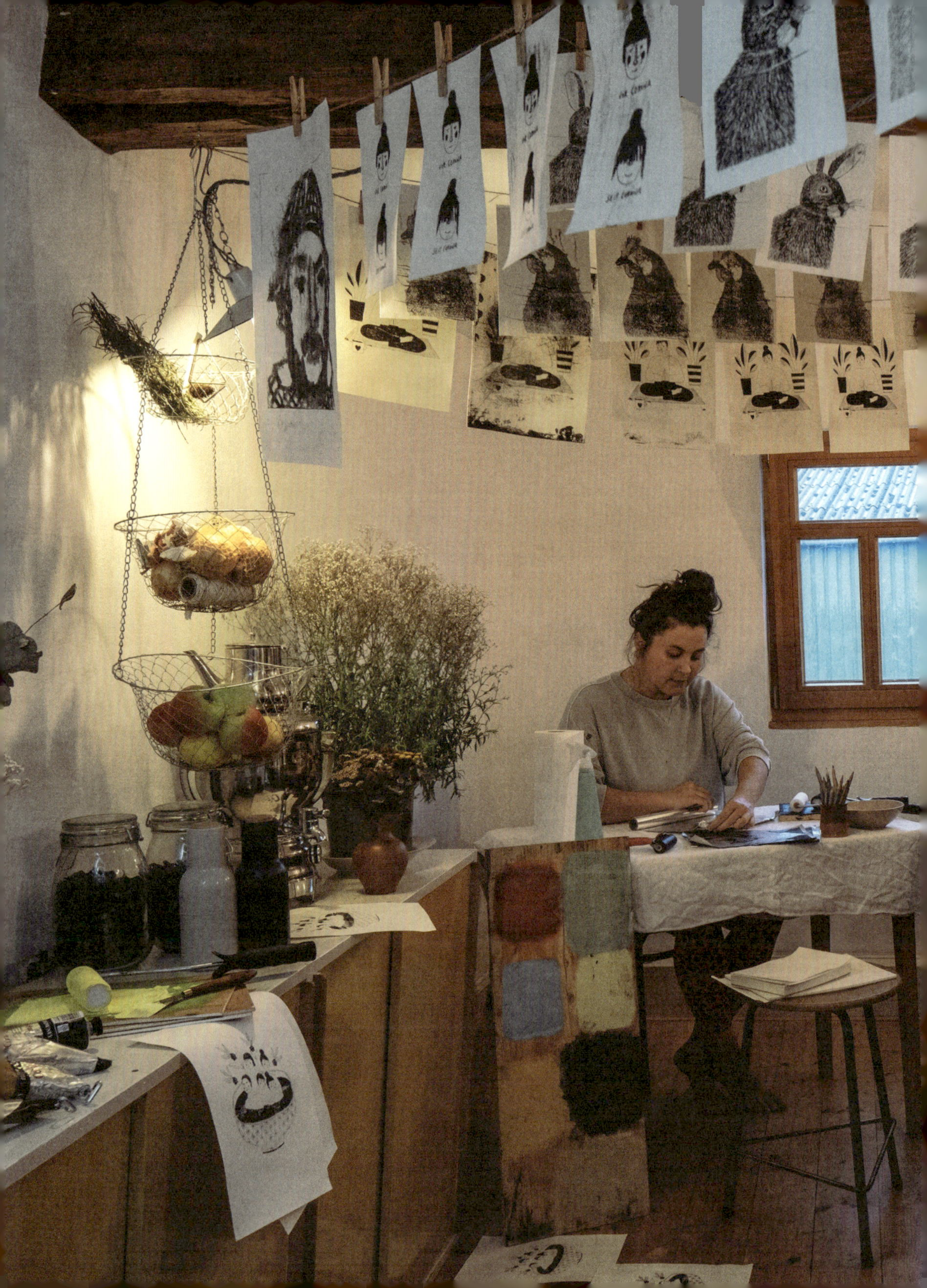

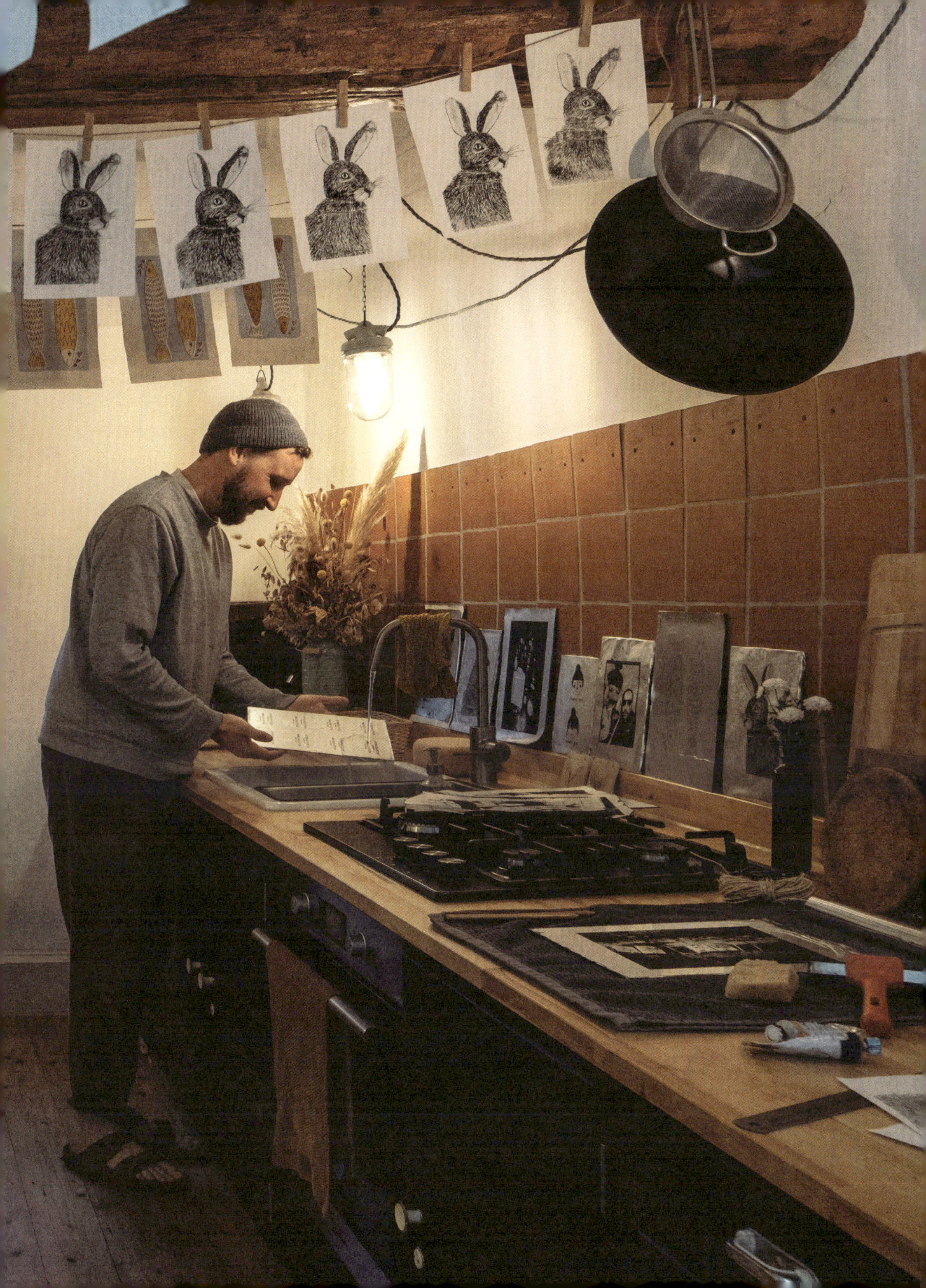

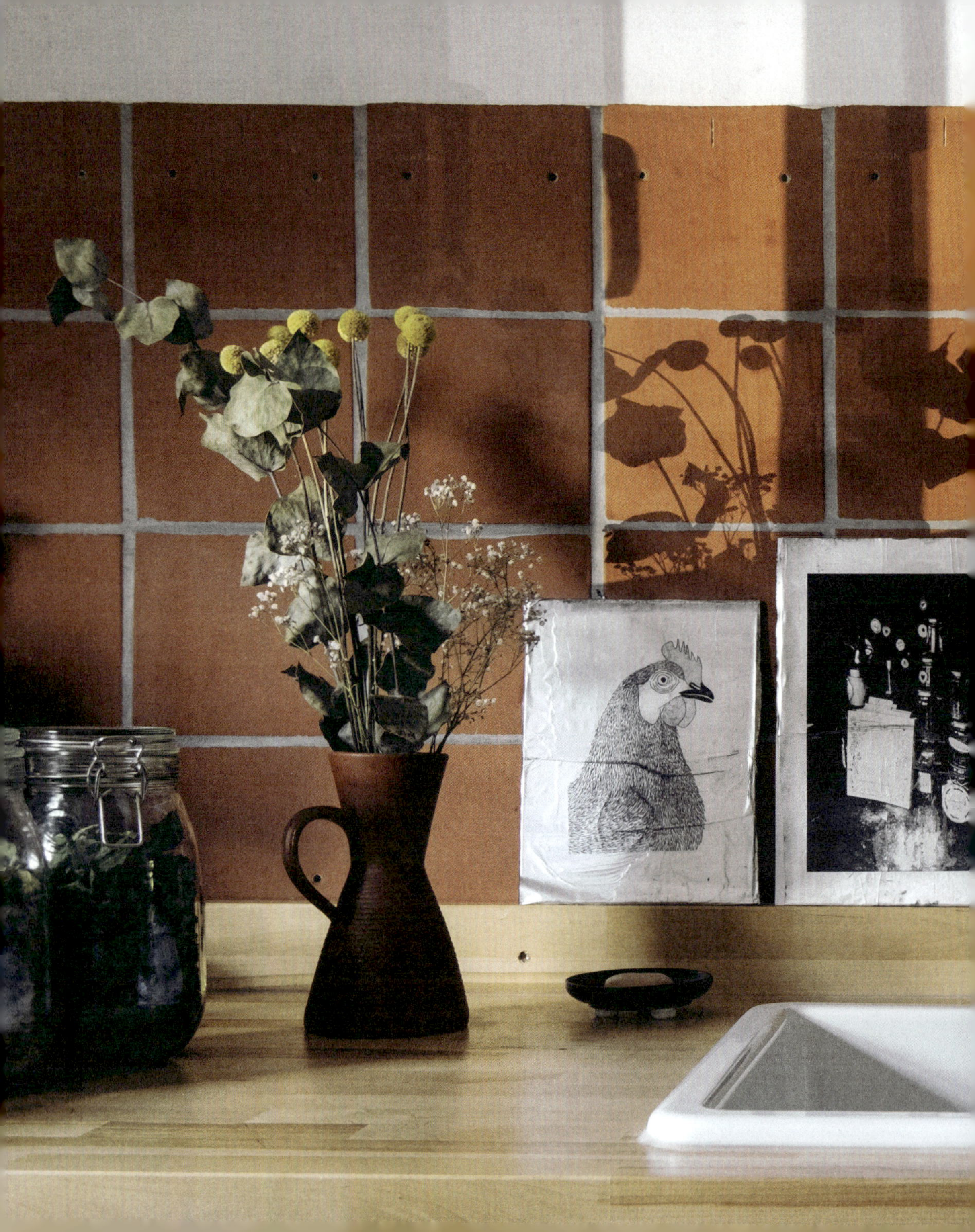

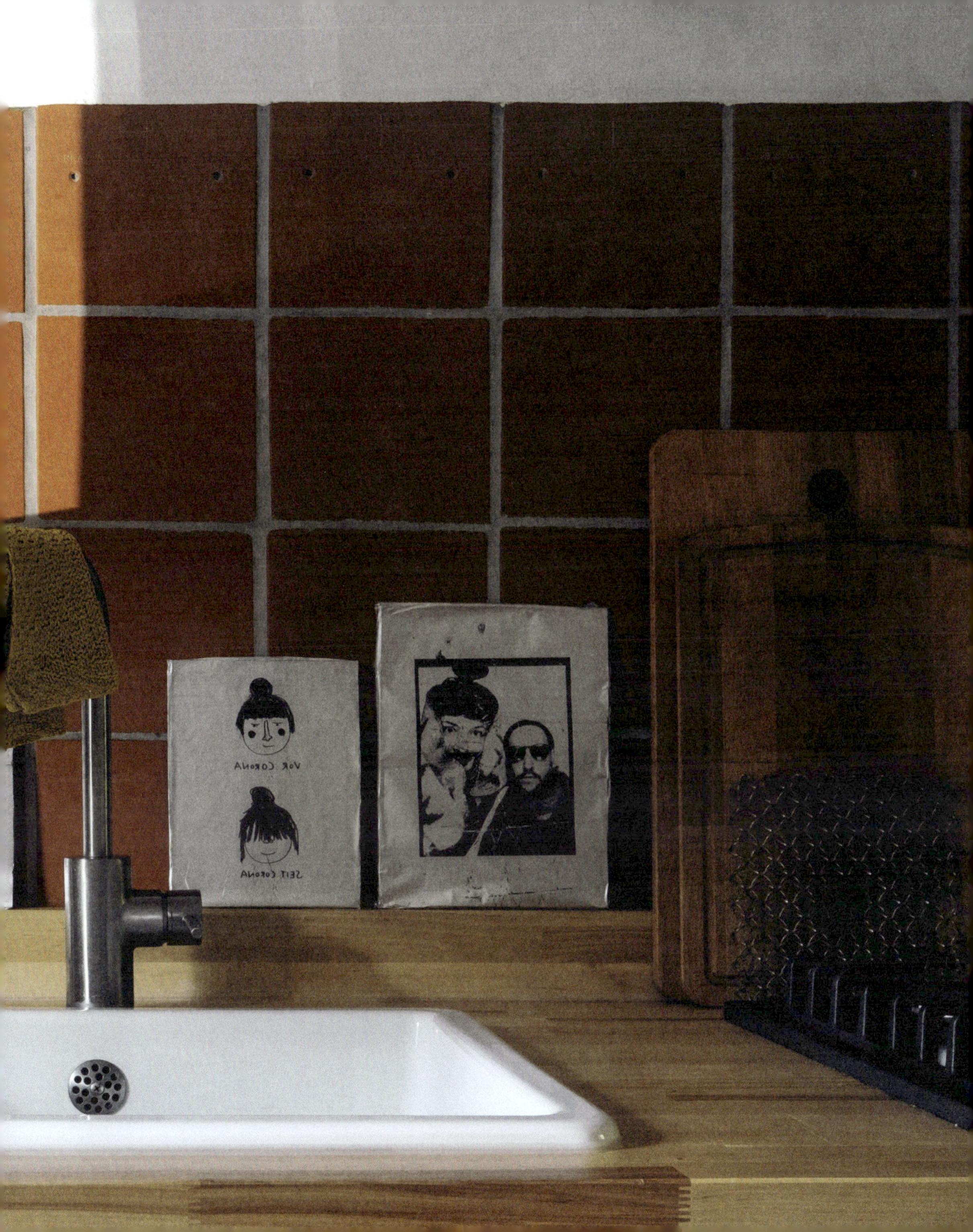
VOR CORONA
SEIT CORONA

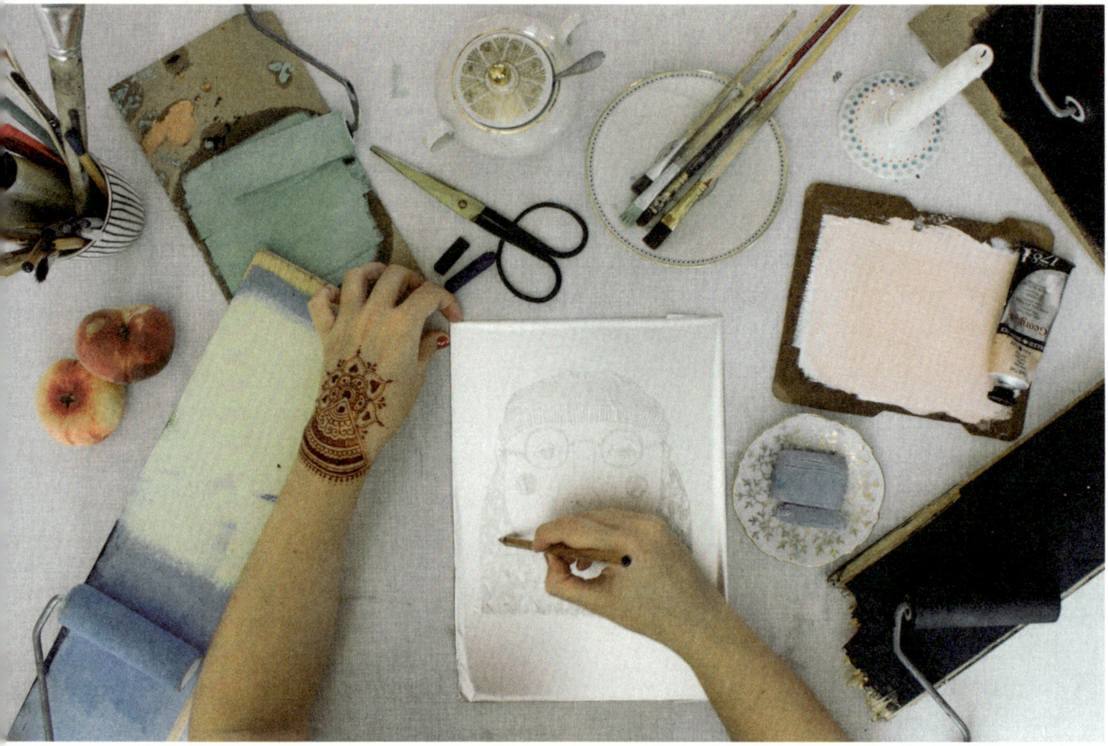

ALLE ANWENDUNGSBEISPIELE AUF DEN FOLGENDEN SEITEN ERLÄUTERN WIR DIR AB SEITE 110 NOCH GENAUER.

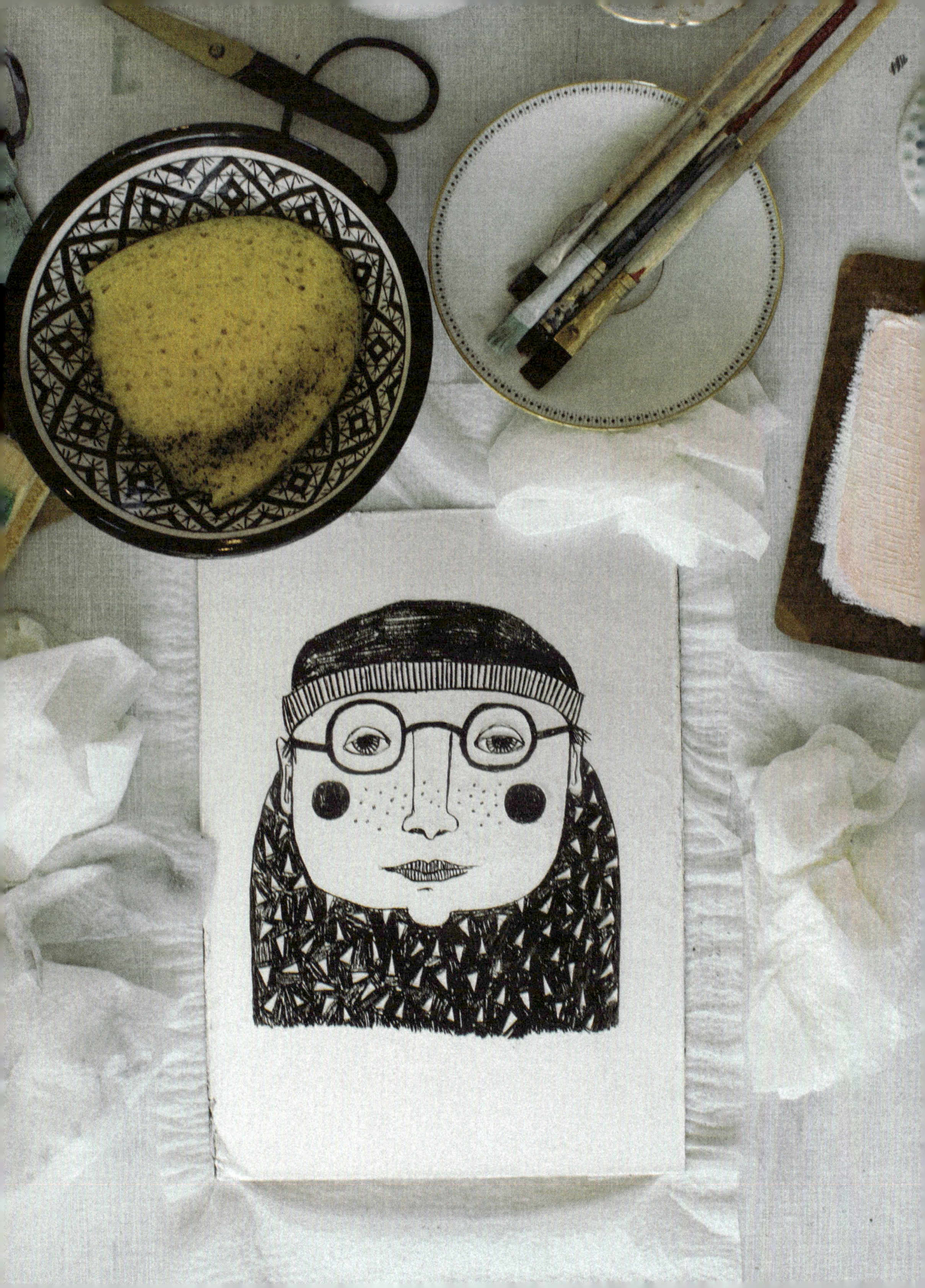

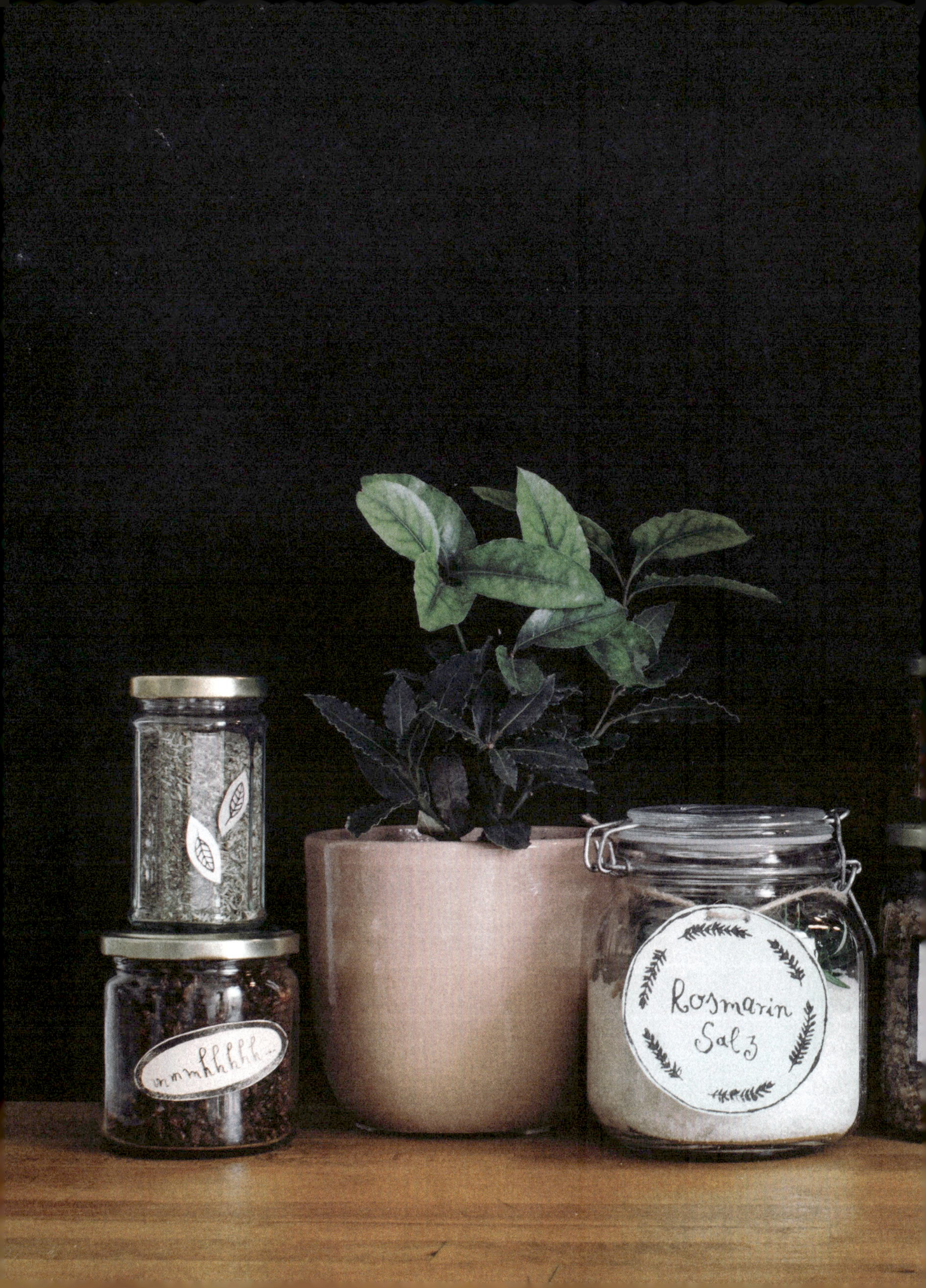
mmmhhhhh...
Rosmarin Salz

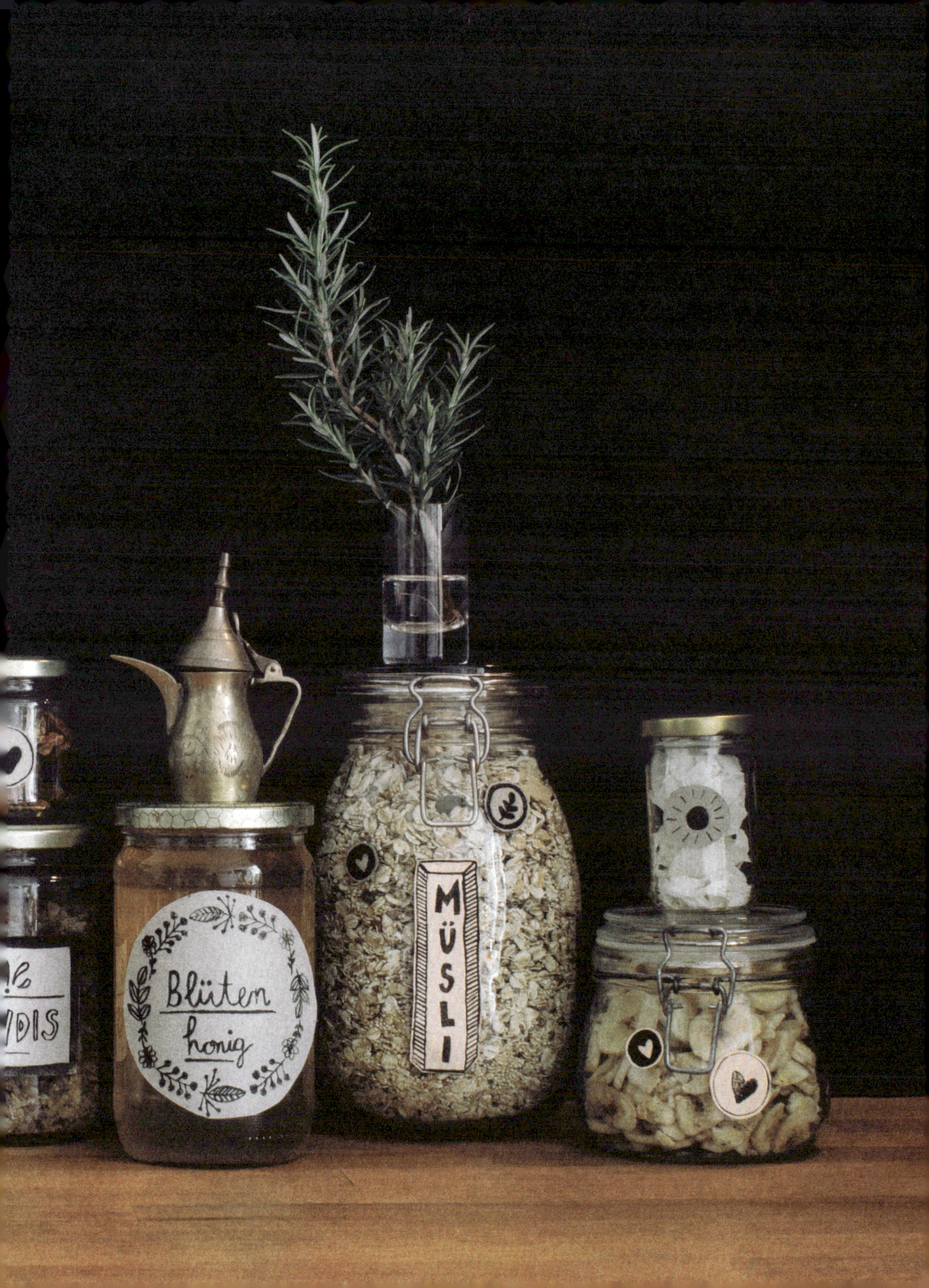
Blüten
honig
MÜSLI

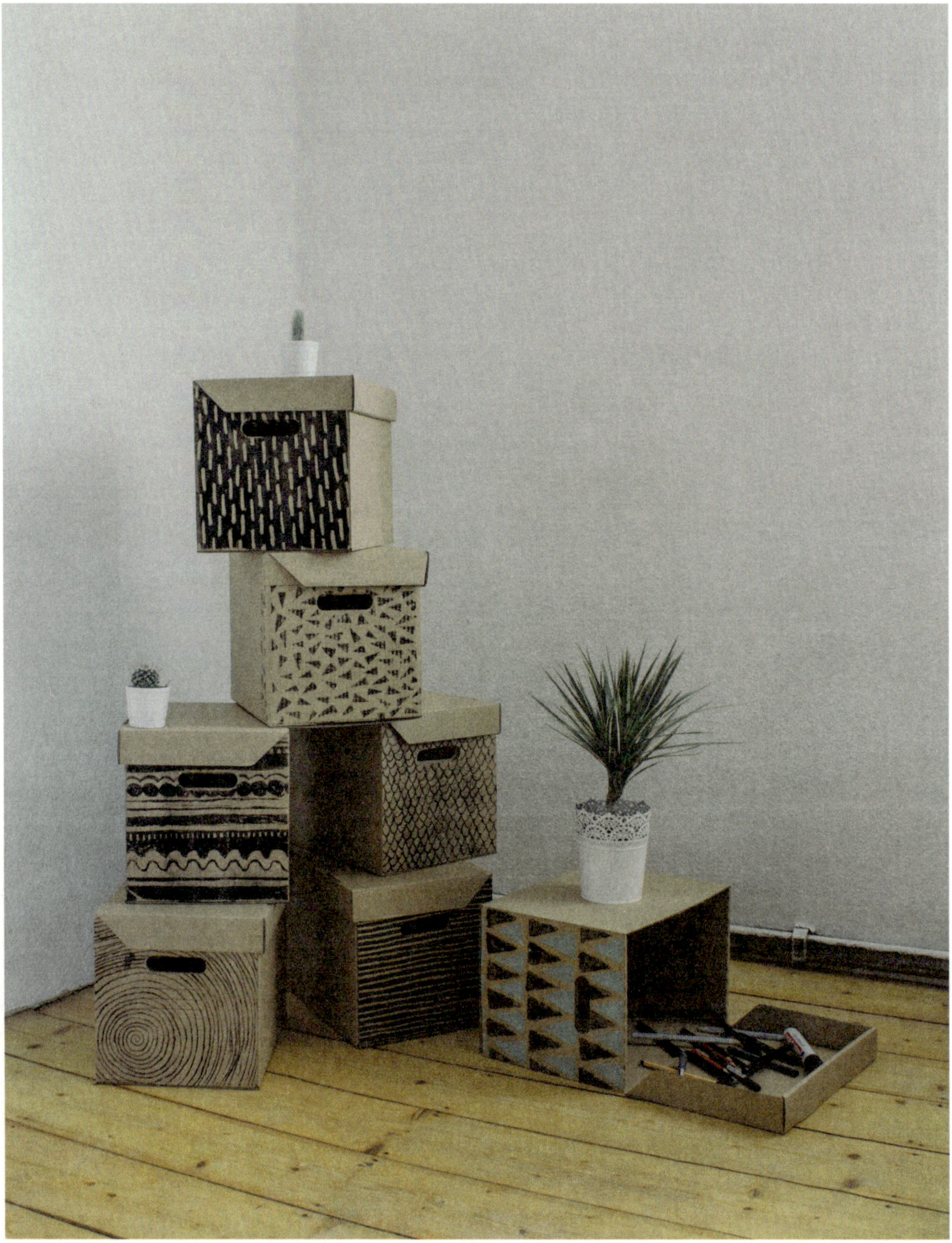

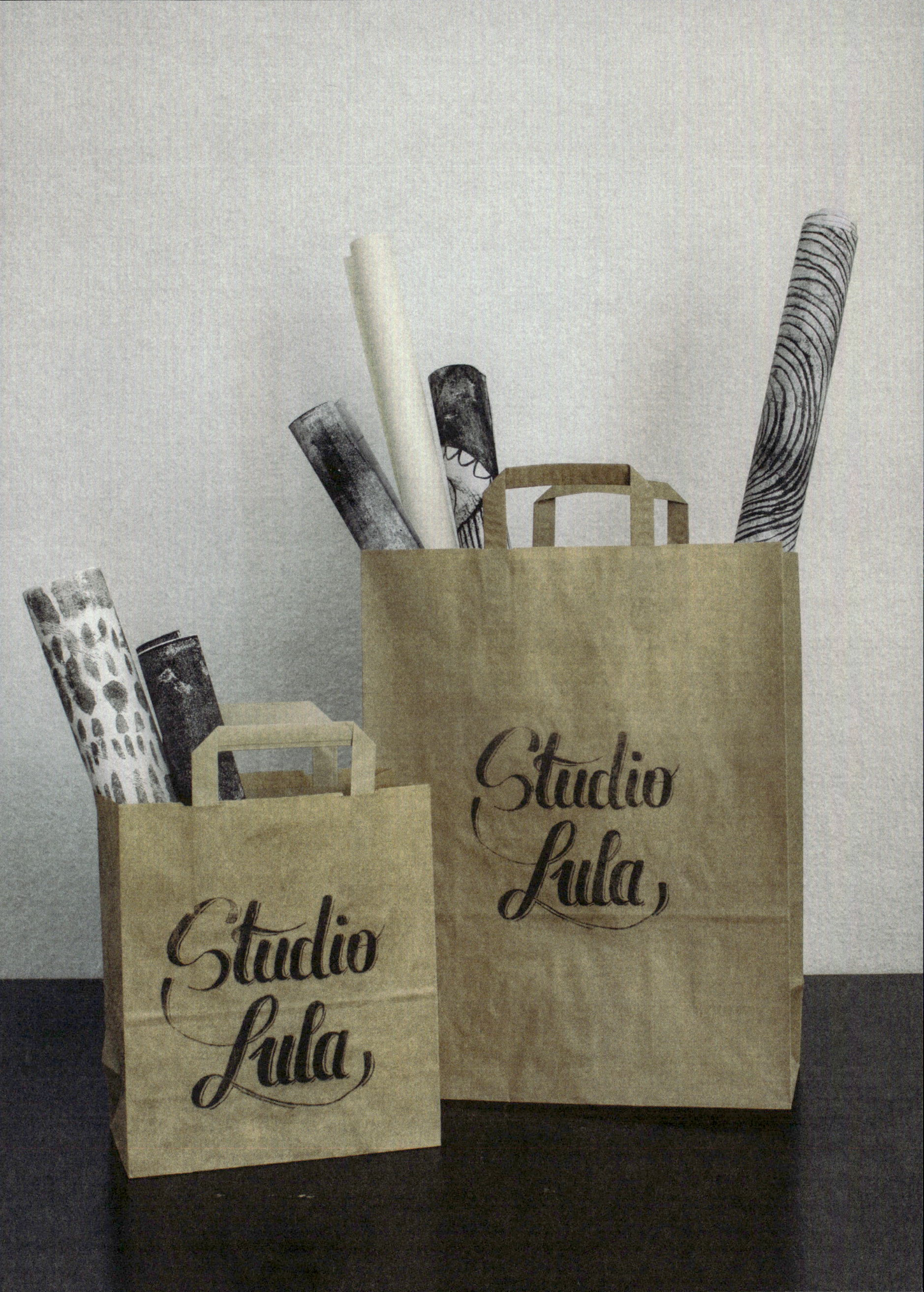
Studio
Lula
Studio
Lula

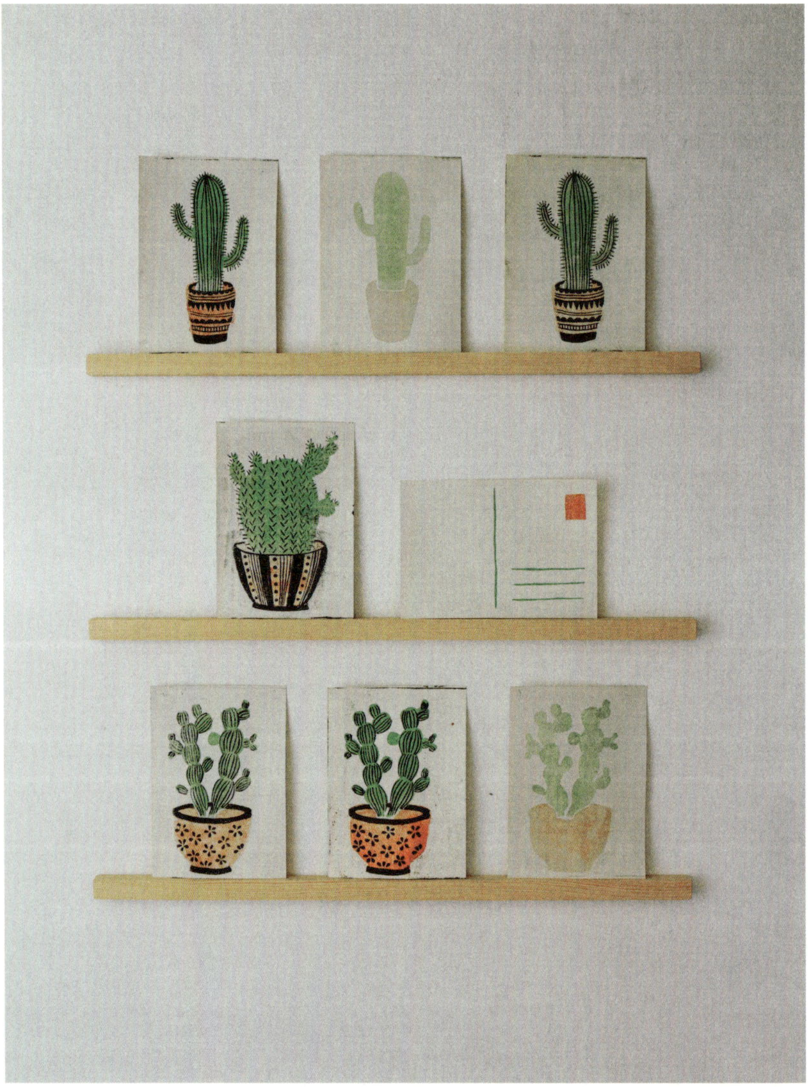

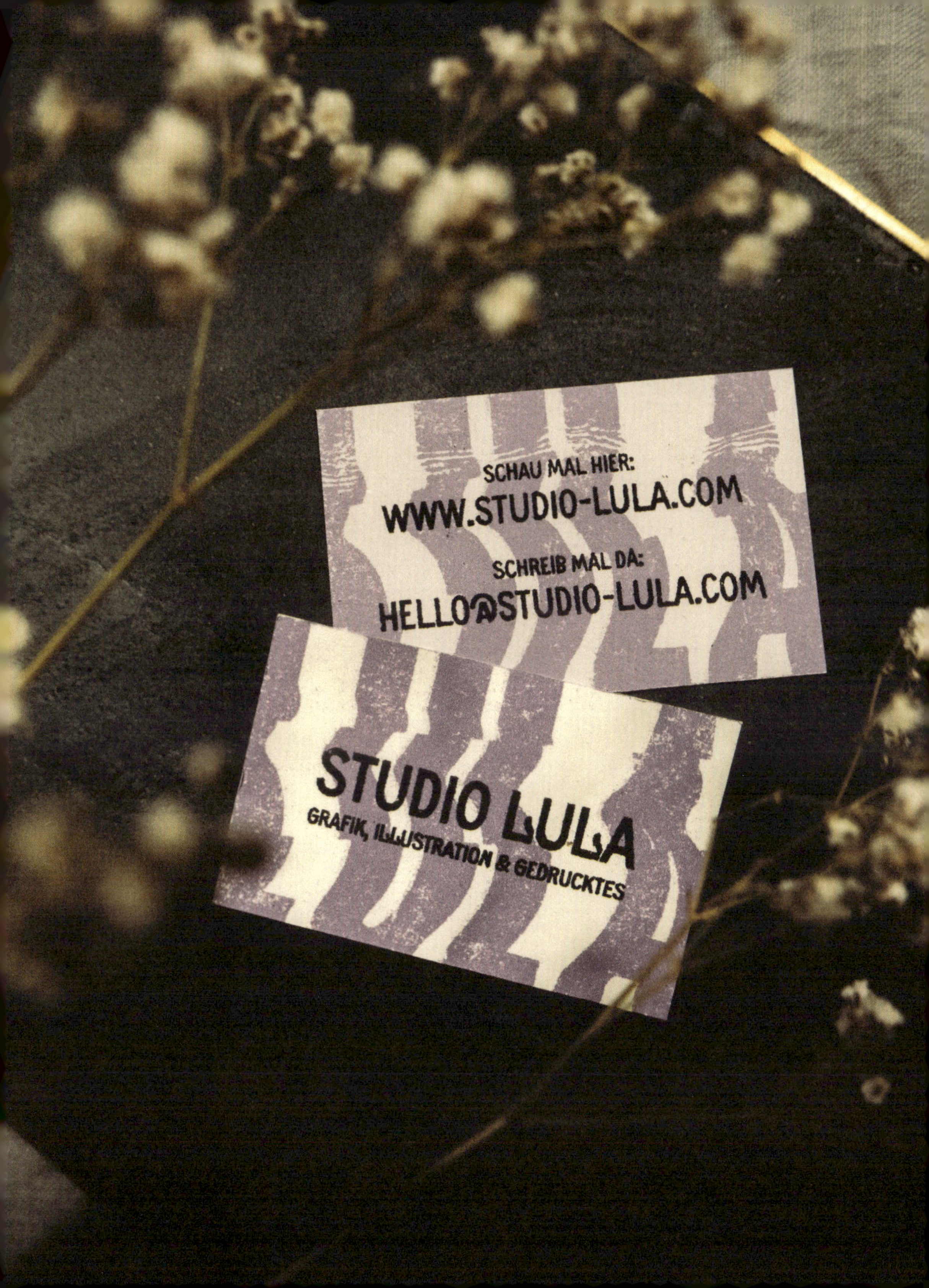
SCHAU MAL HIER:
WWW.STUDIO-LULA.COM
SCHREIB MAL DA:
HELLO@STUDIO-LULA.COM
STUDIO LULA
GRAFIK, ILLUSTRATION & GEDRUCKTES

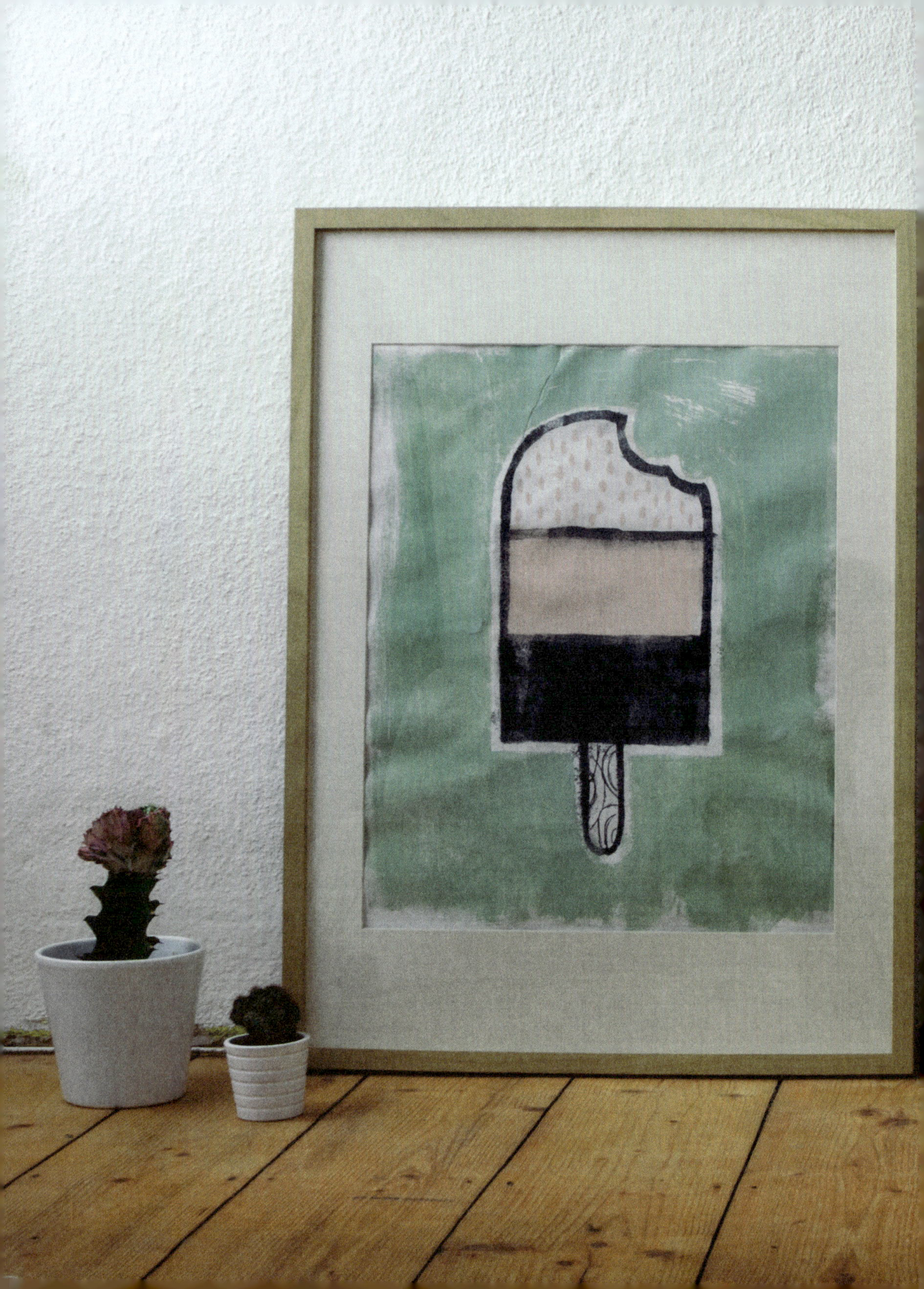

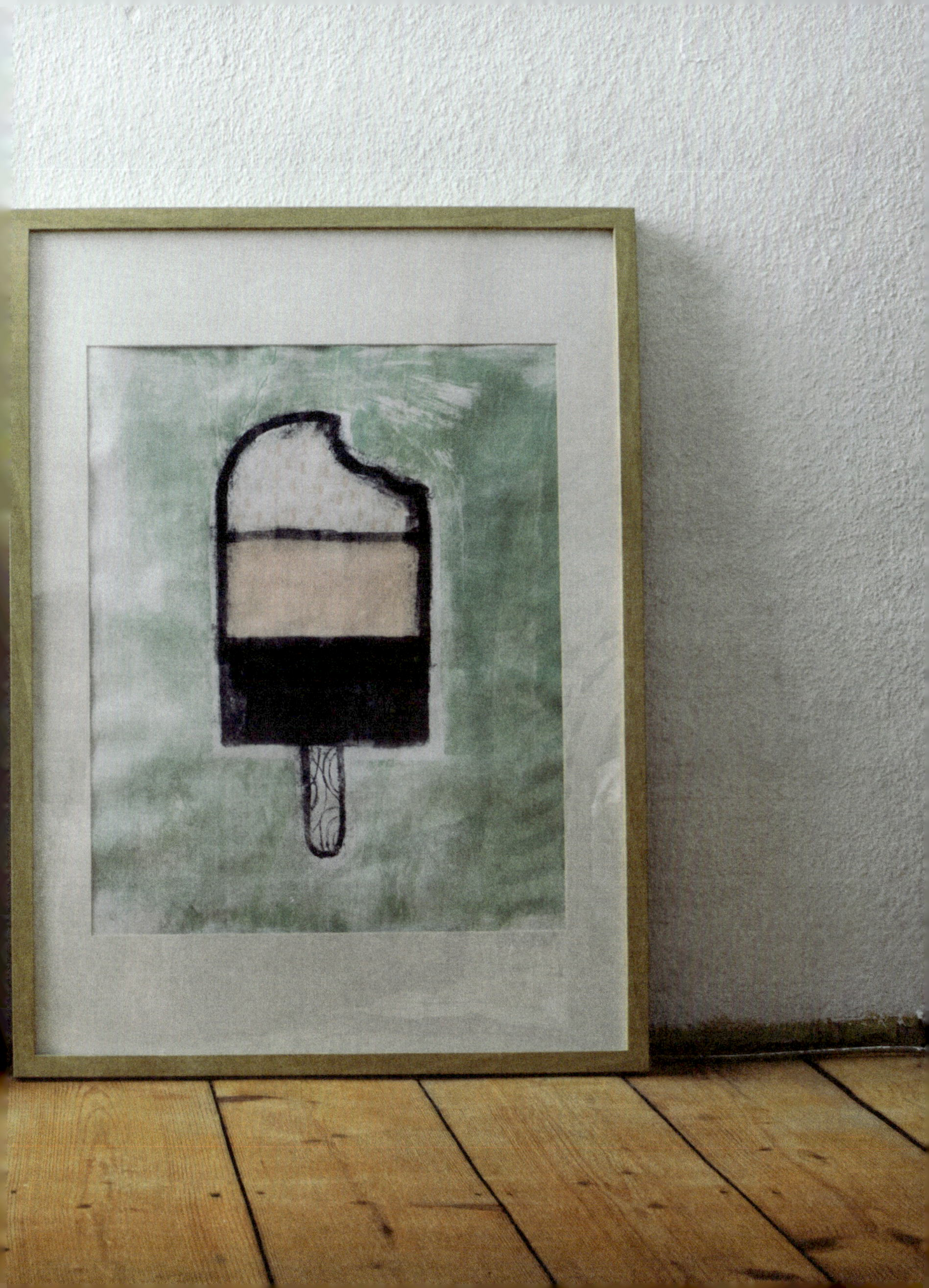

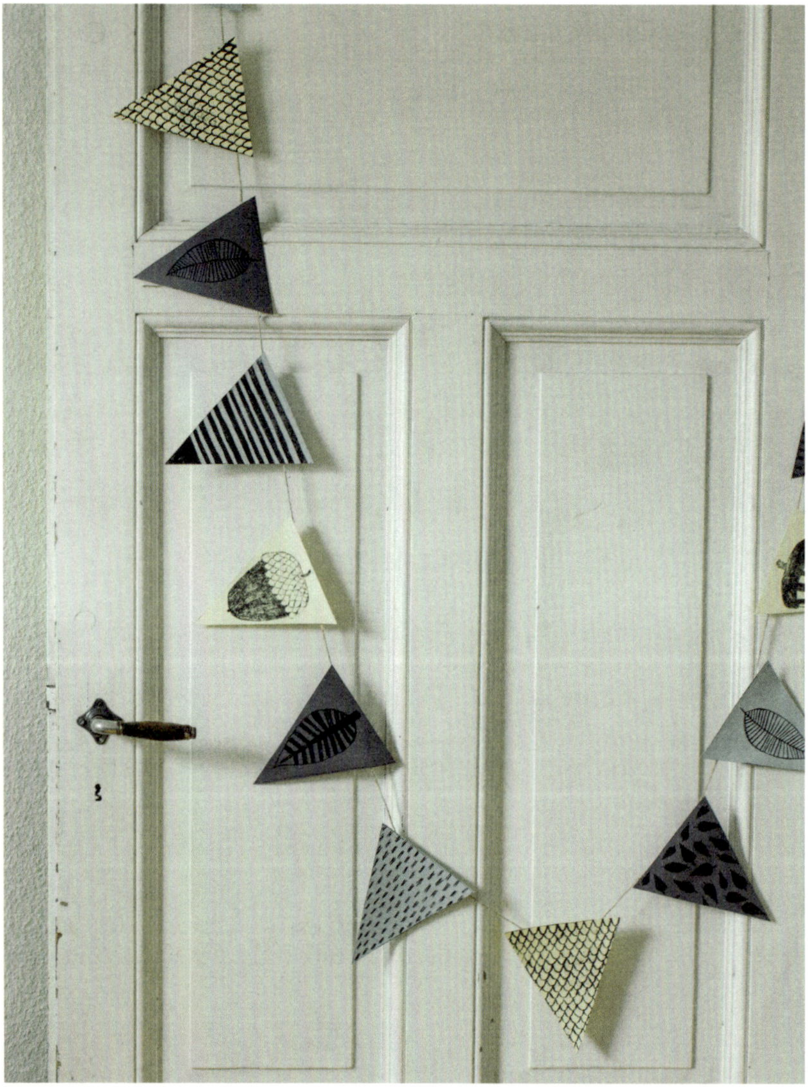

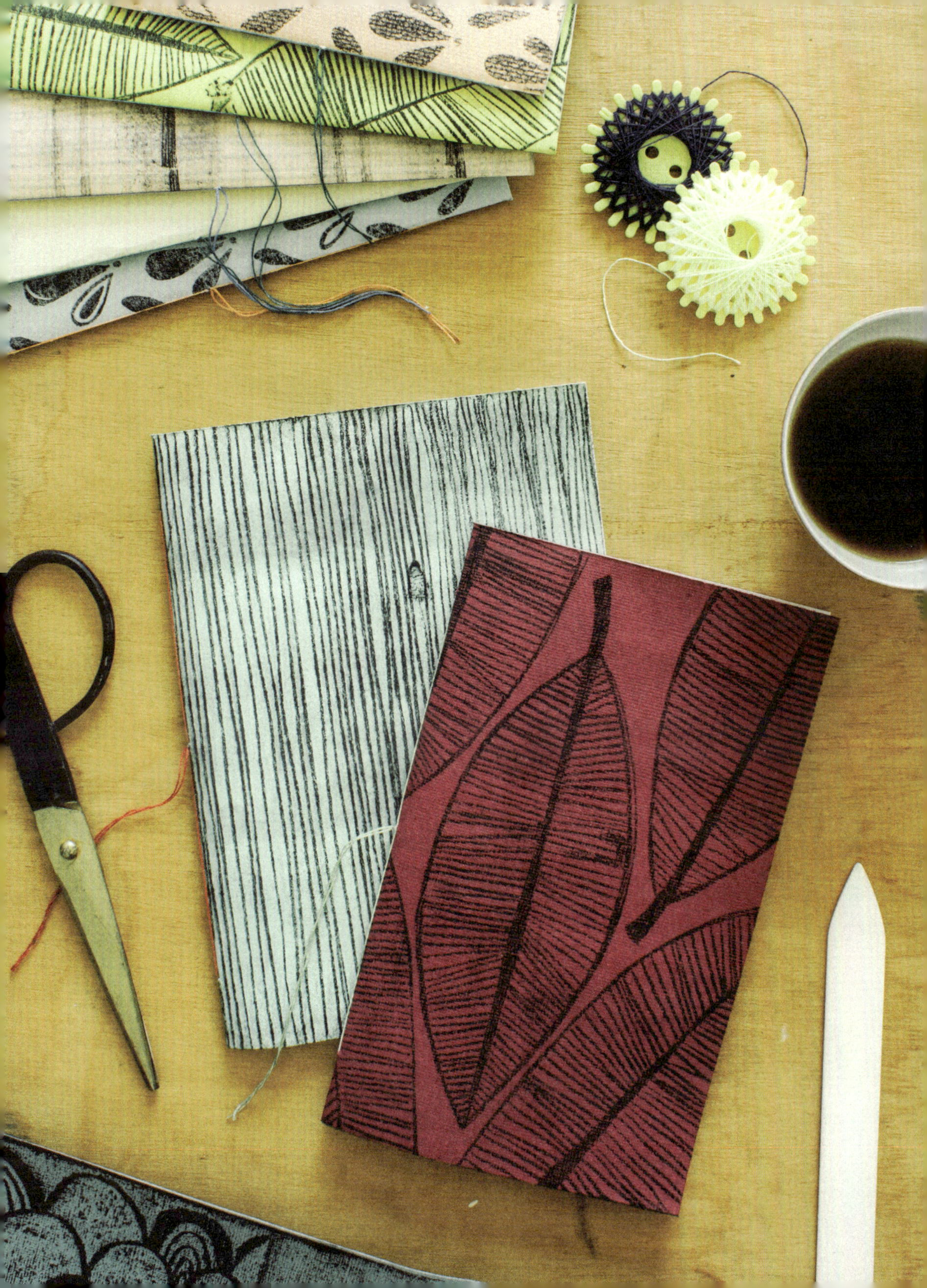

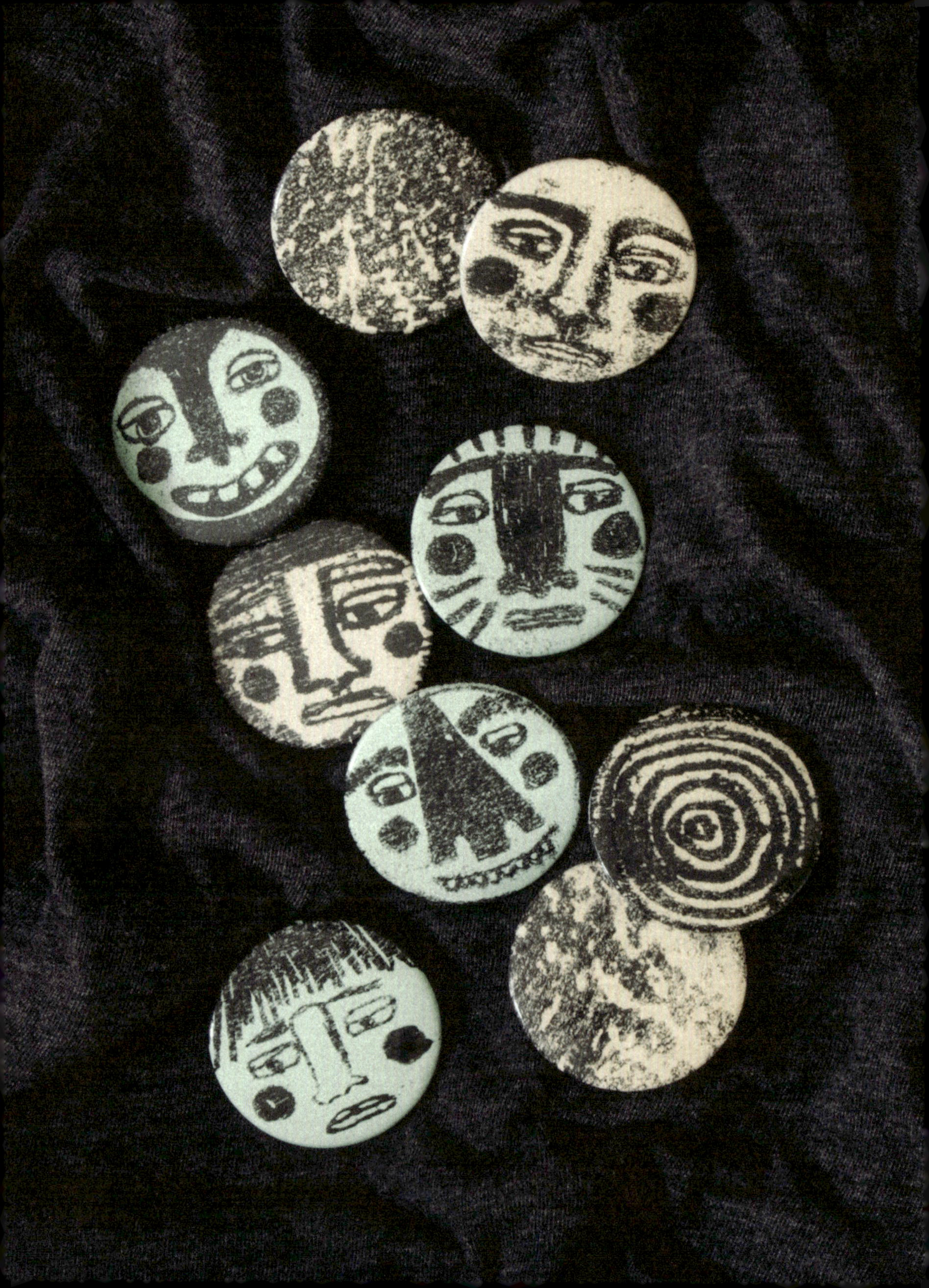

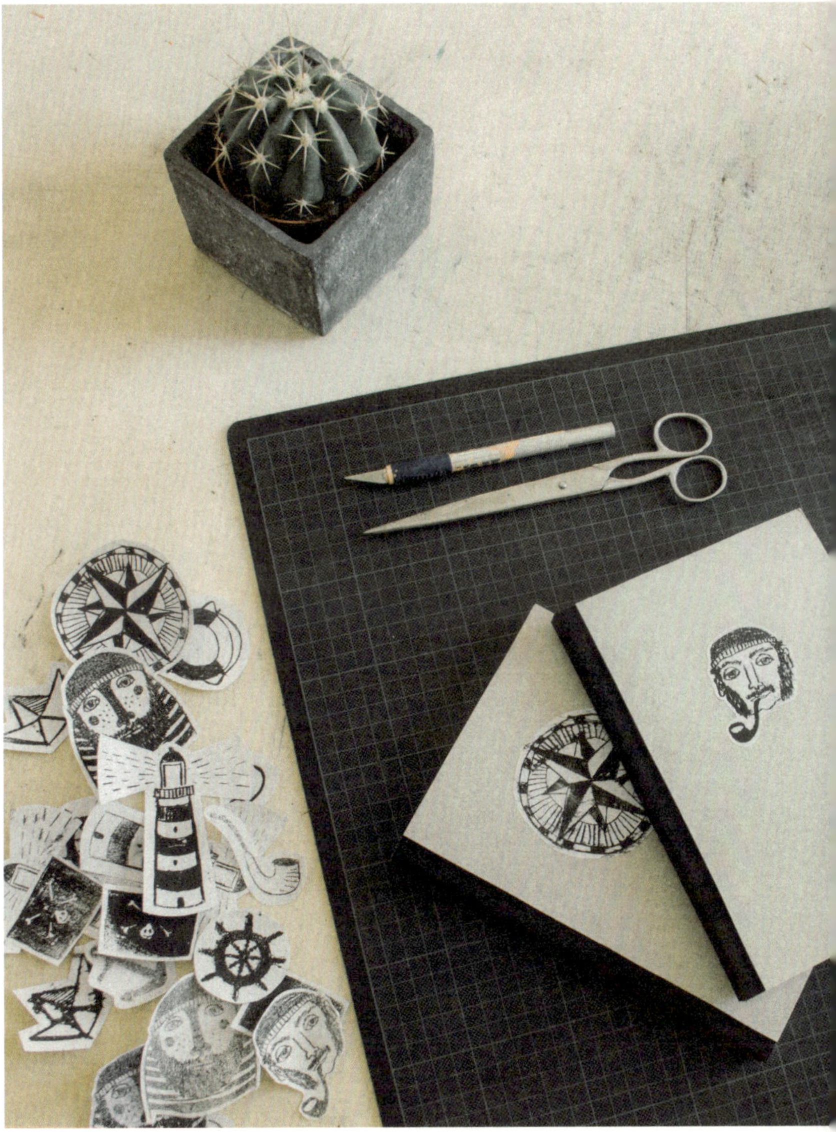

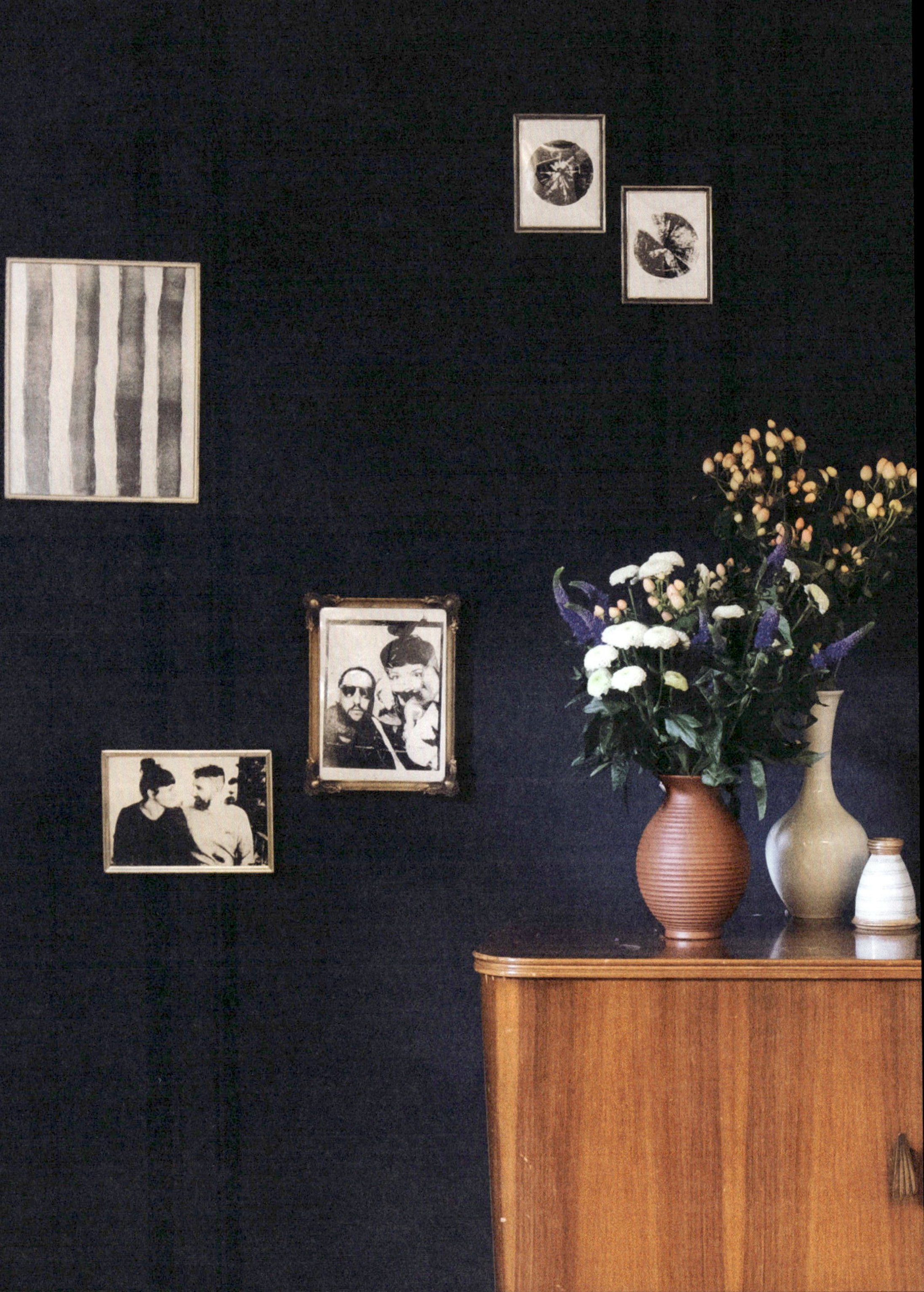

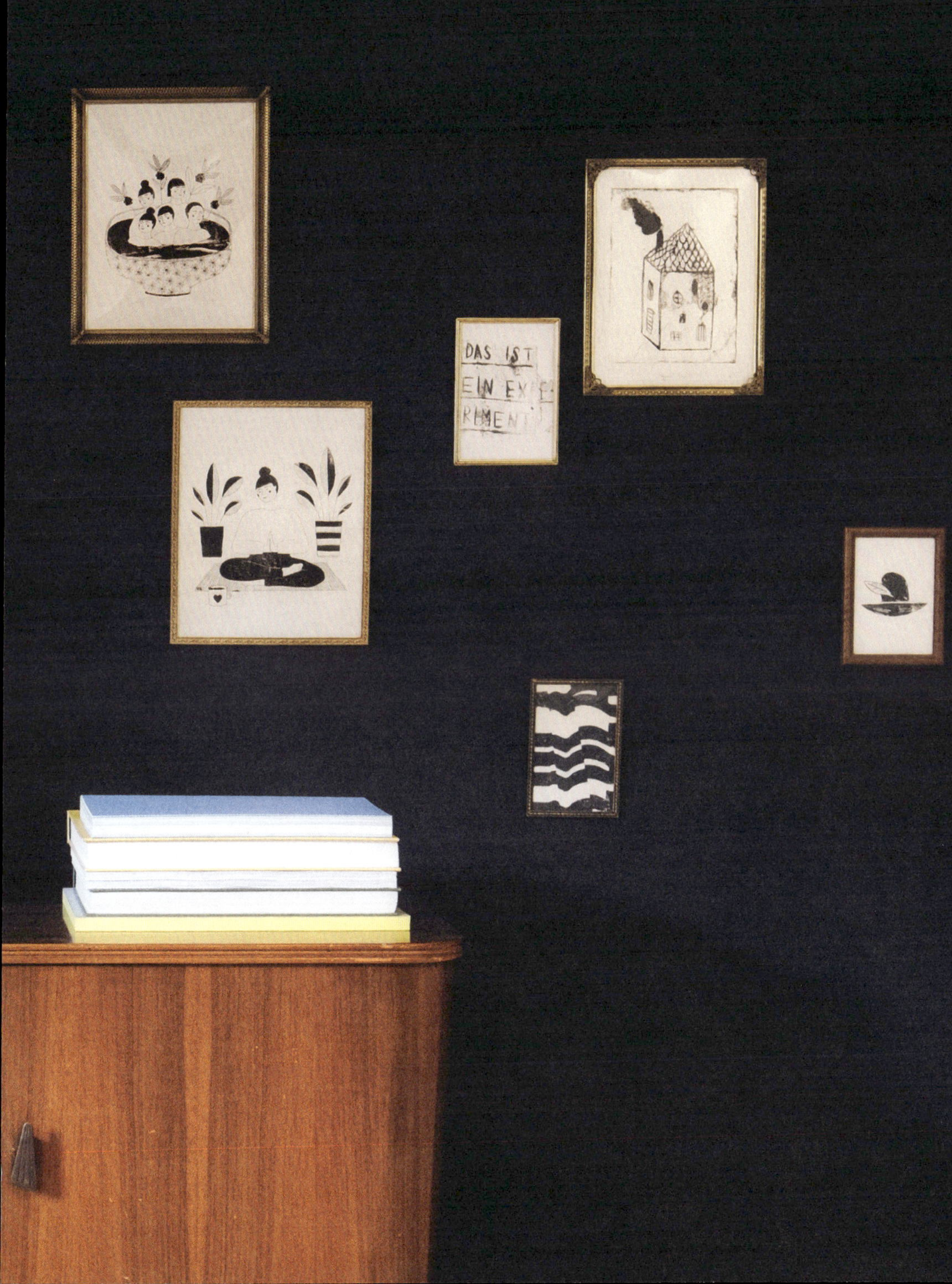
DAS IST
EIN EX
RIMENT

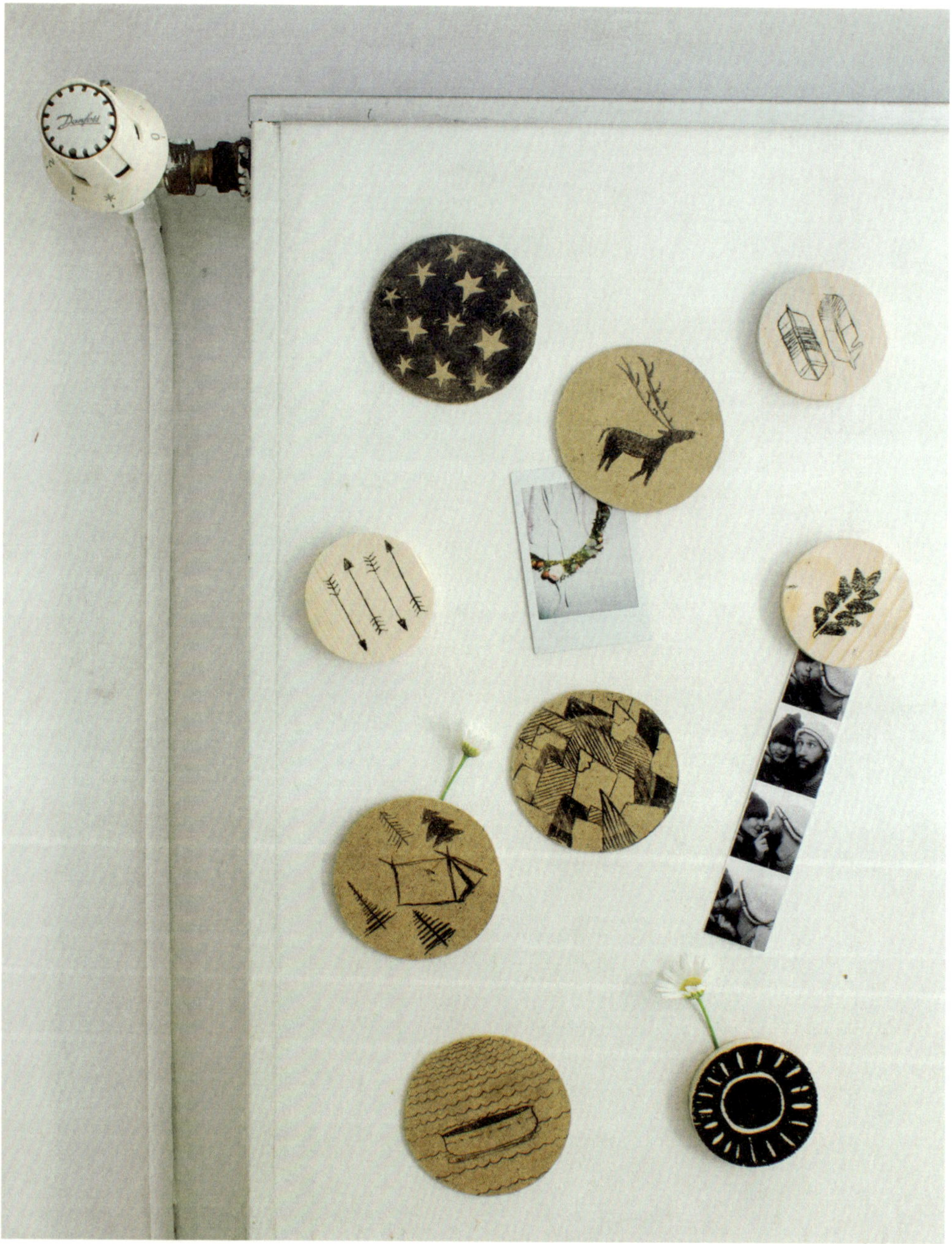

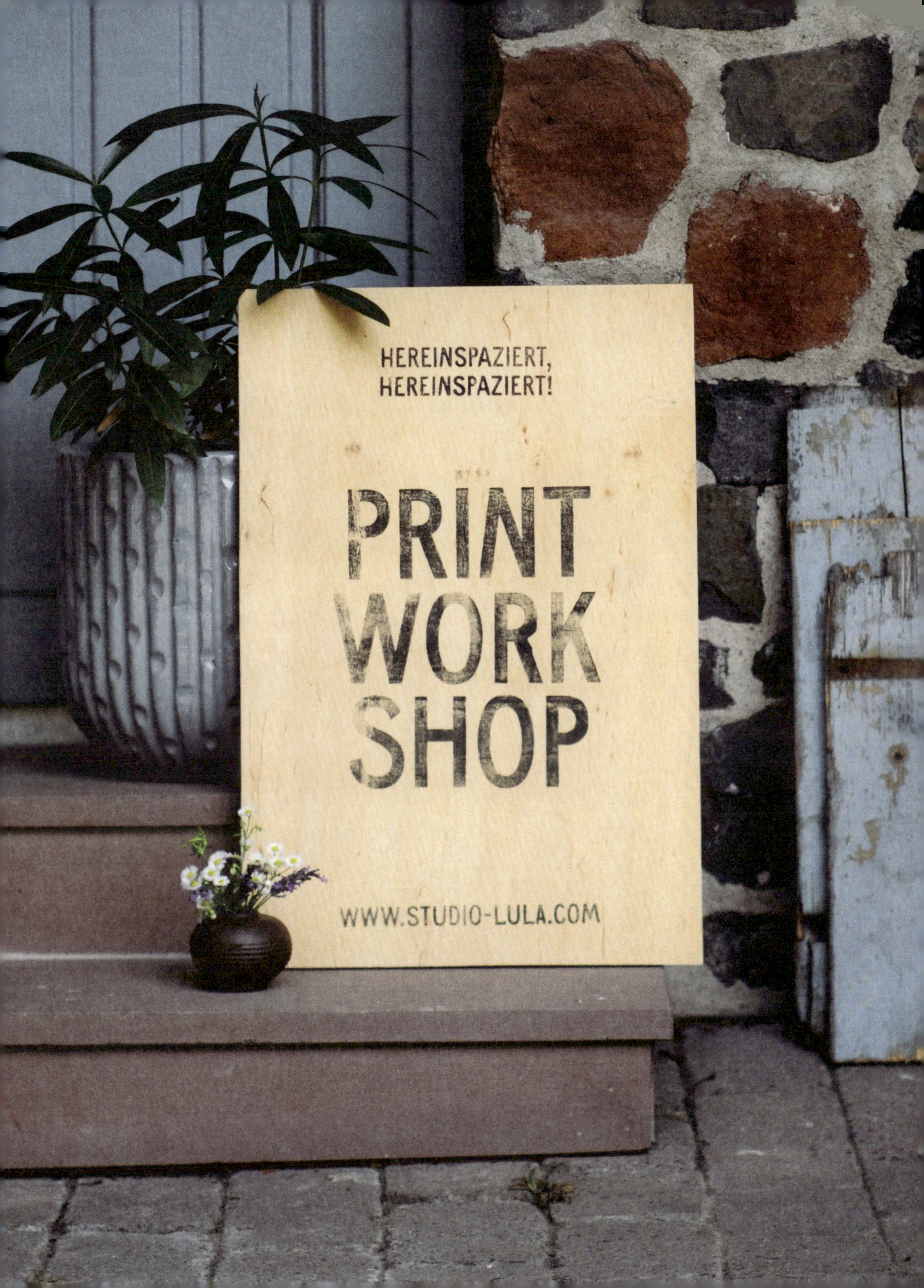
HEREINSPAZIERT,
HEREINSPAZIERT!
PRINT
WORK
SHOP
WWW.STUDIO-LULA.COM

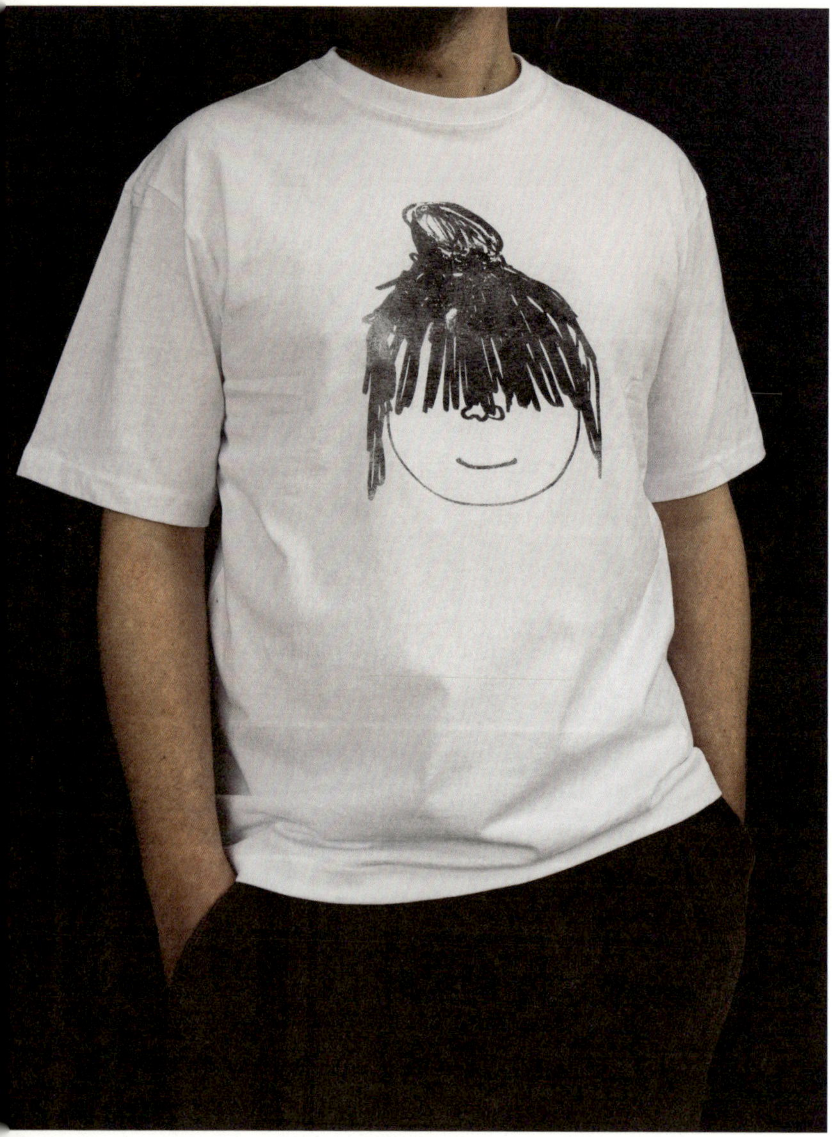

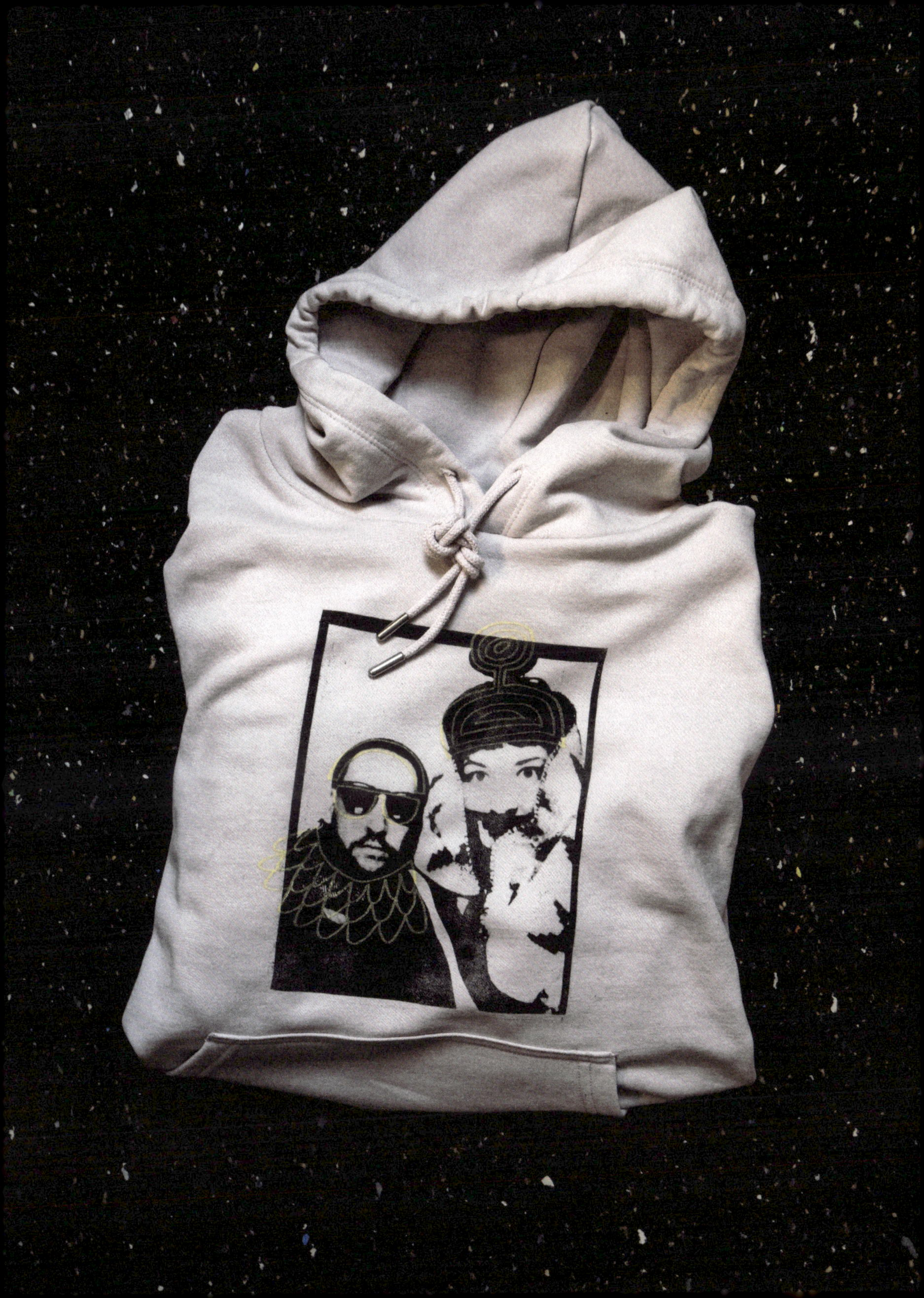

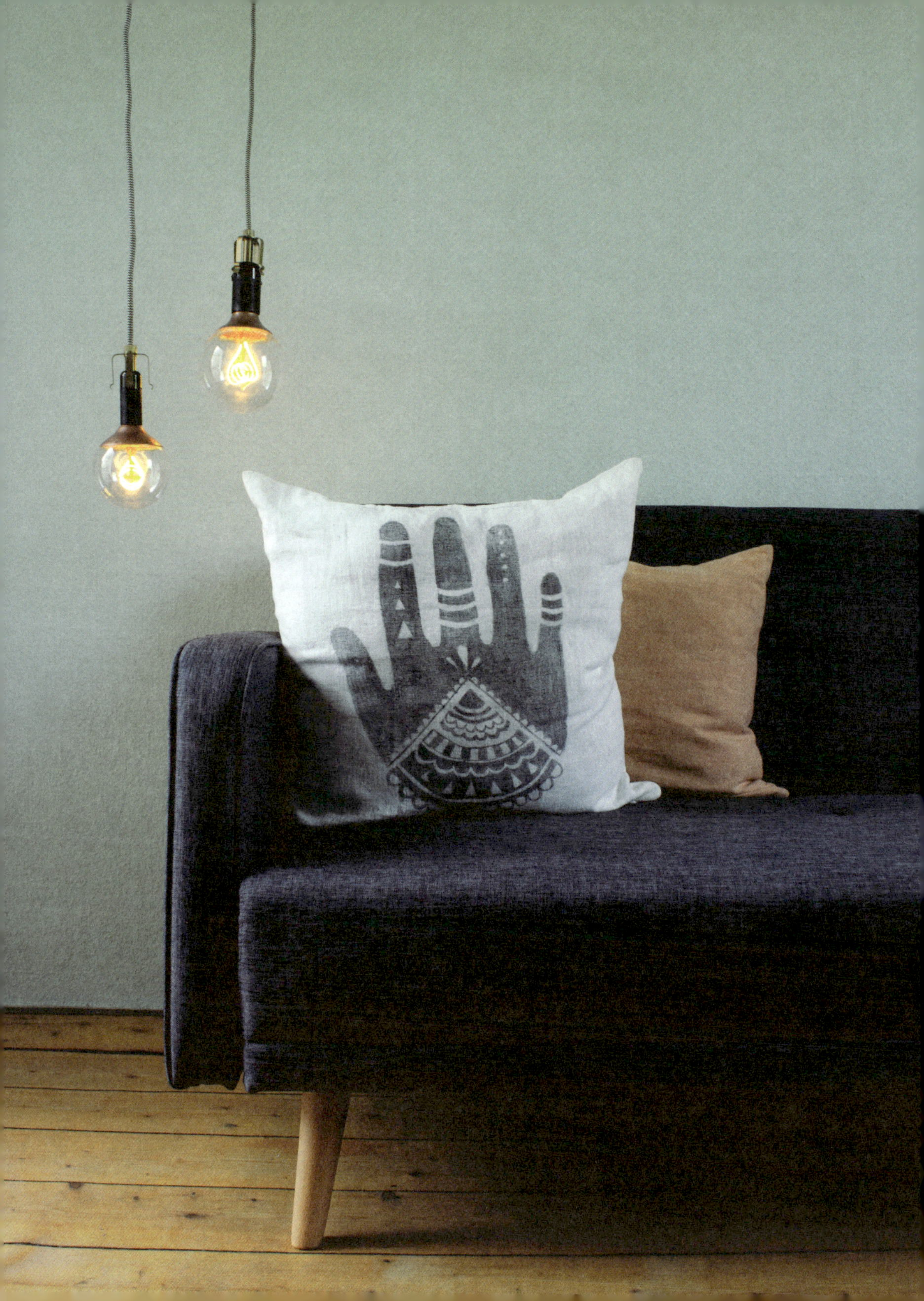

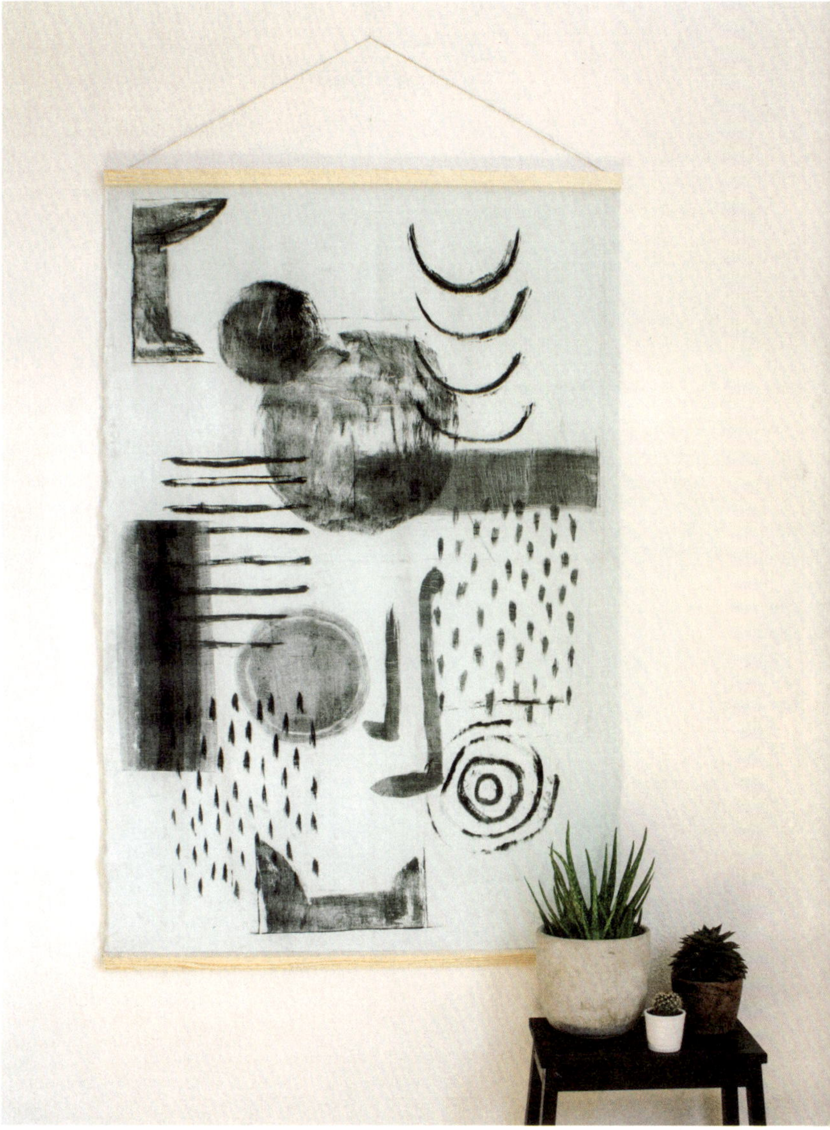

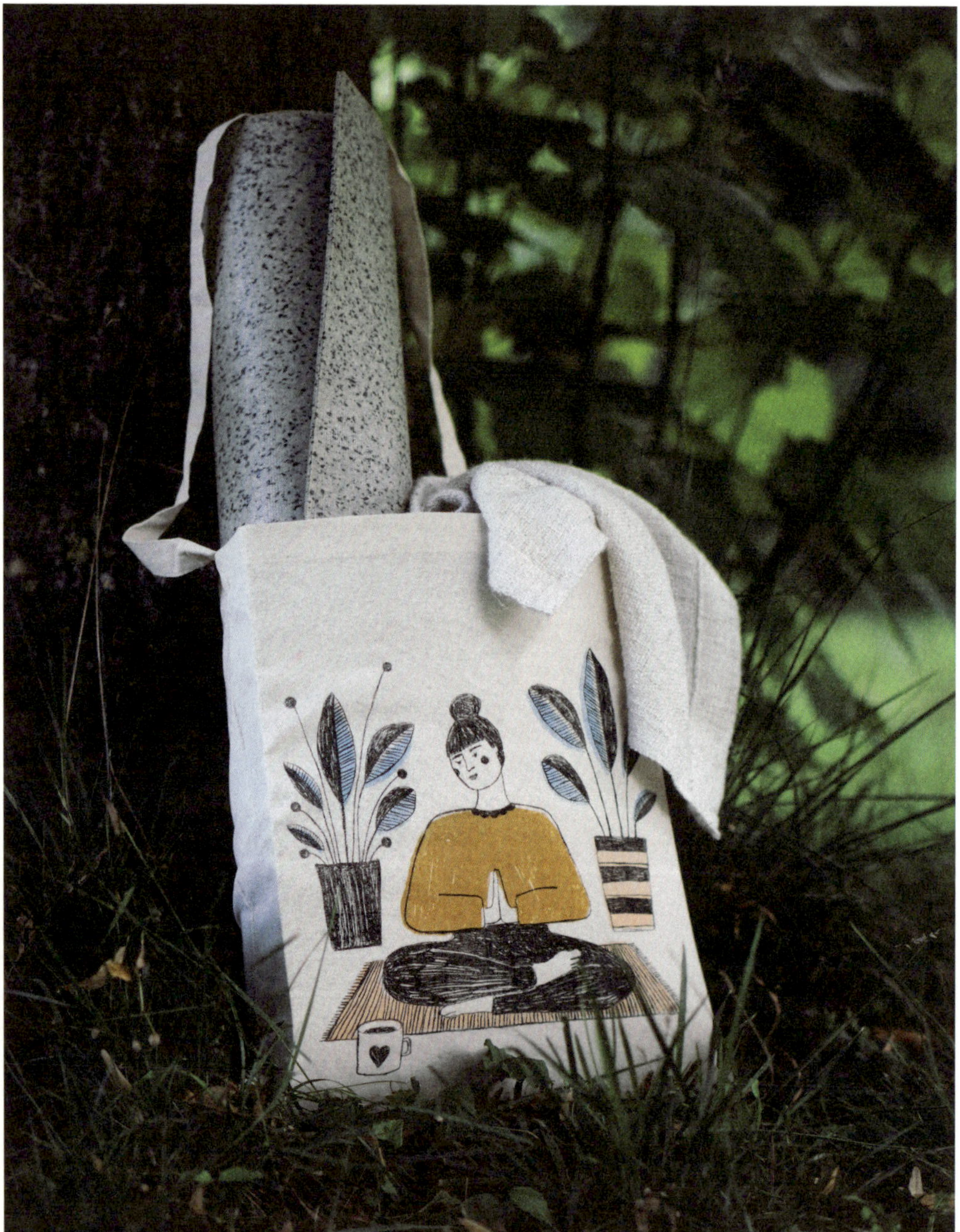

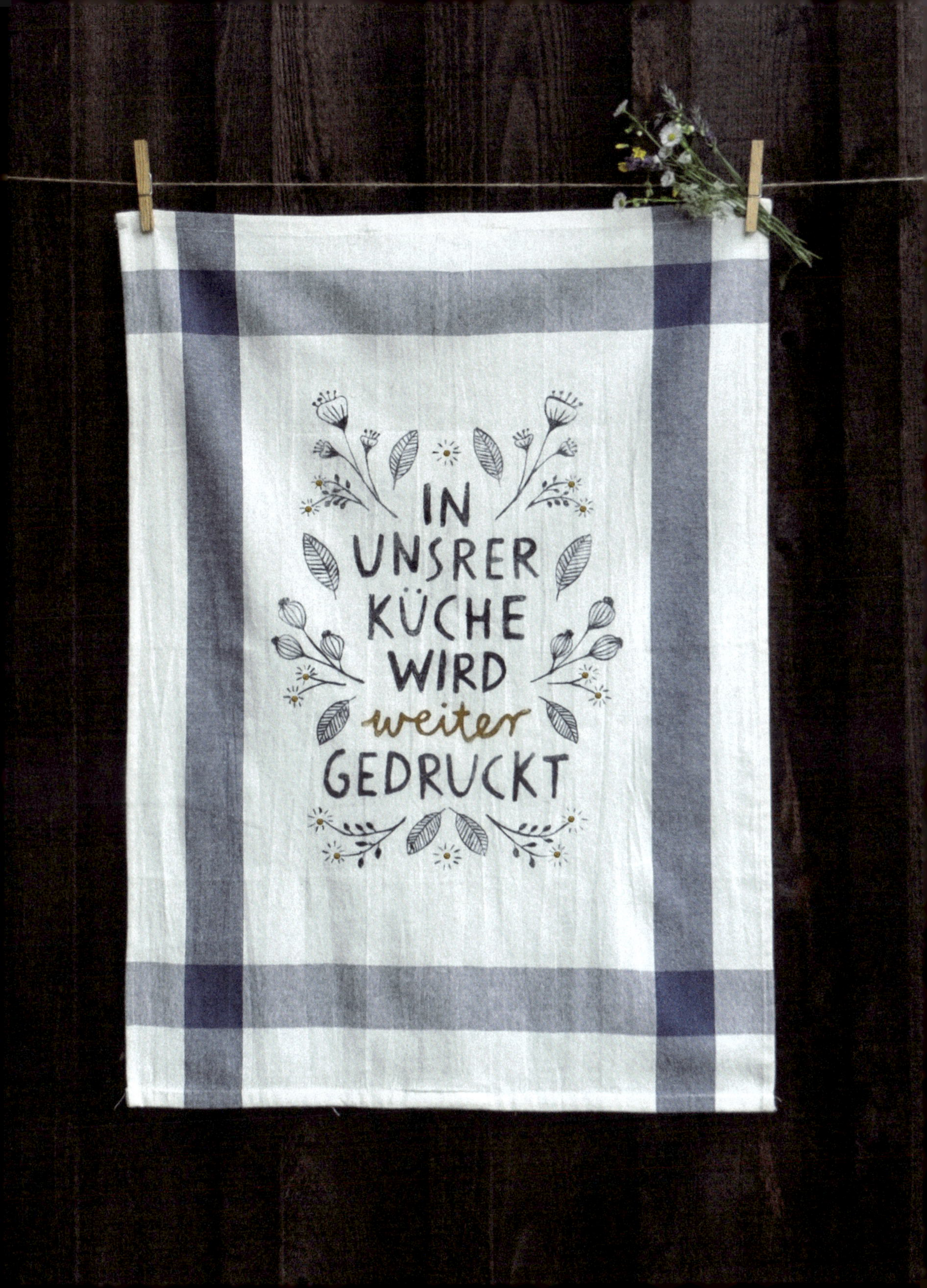
IN
UNSRER
KÜCHE
WIRD
weiter
GEDRUCKT

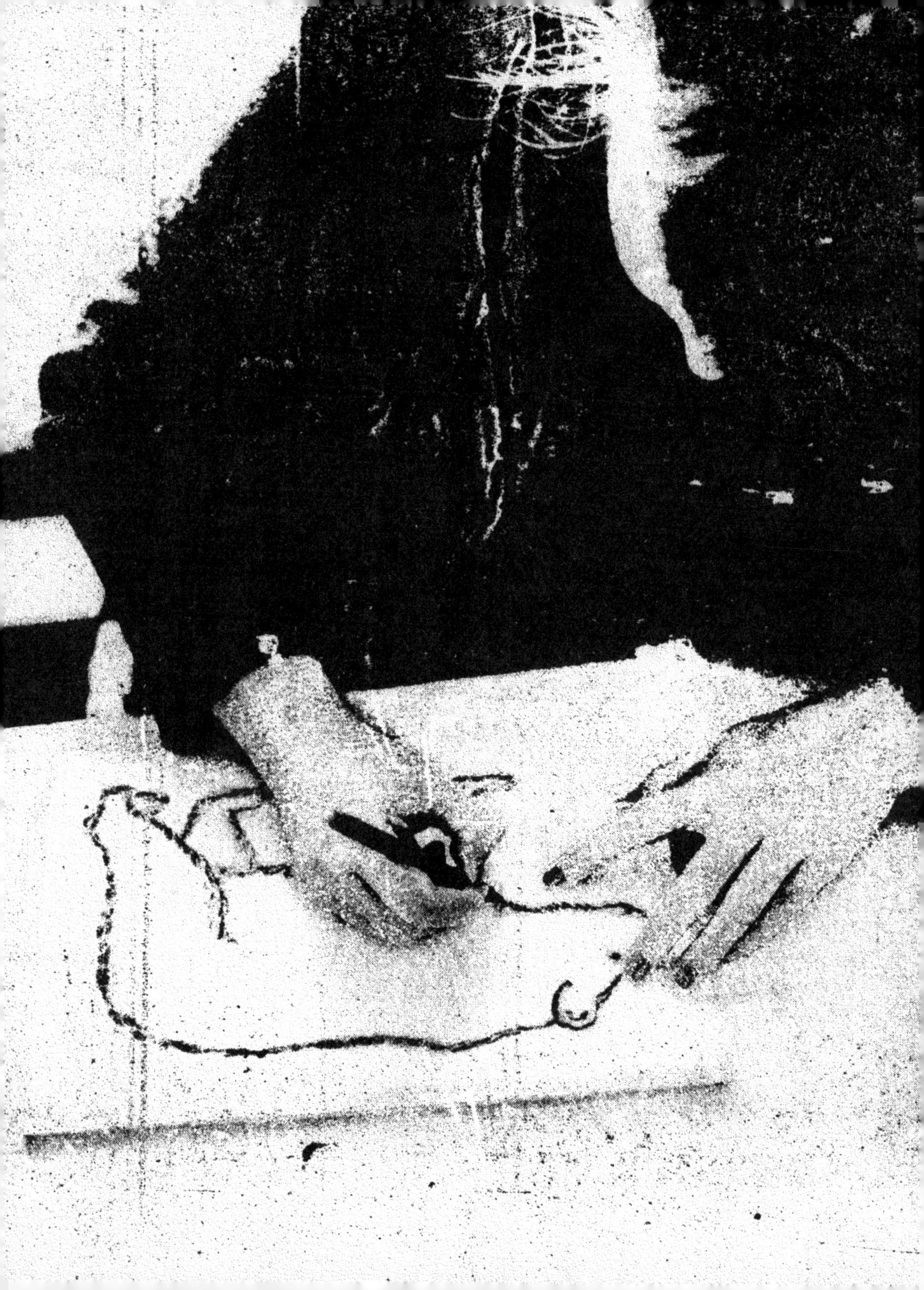

UND SO GEHT'S:

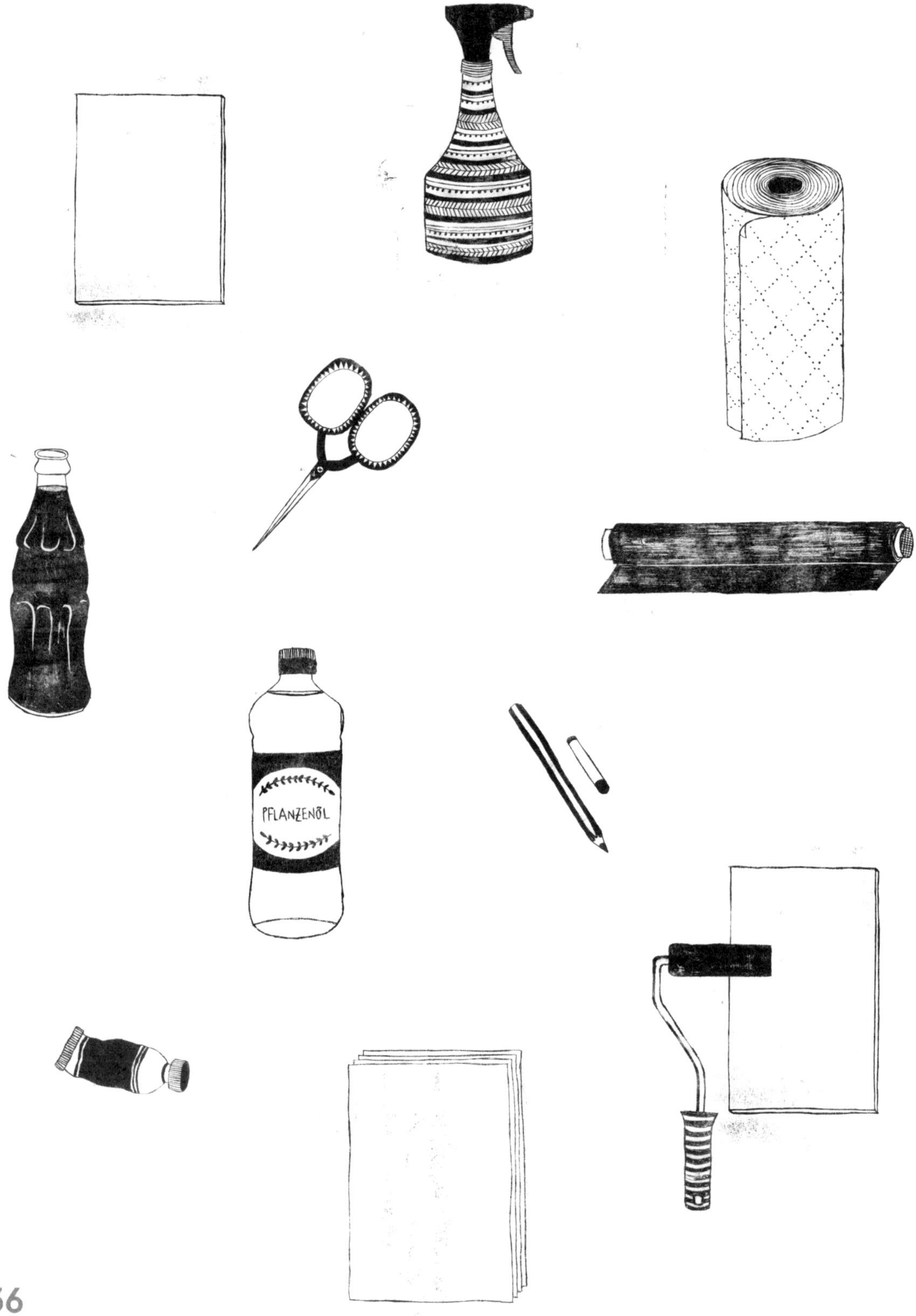
PFLANZENÖL

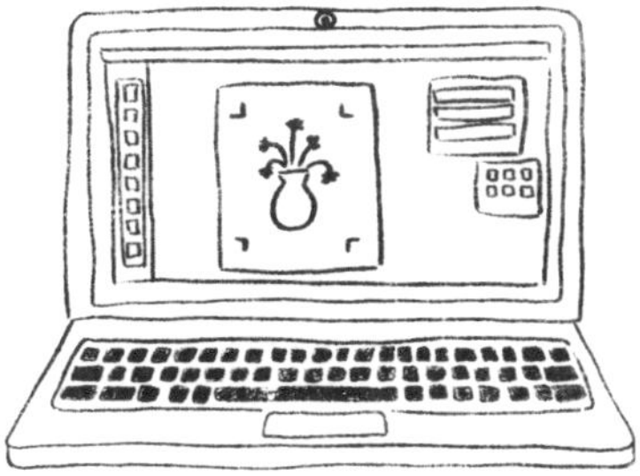

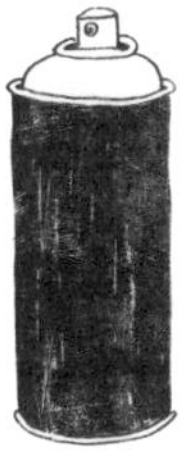

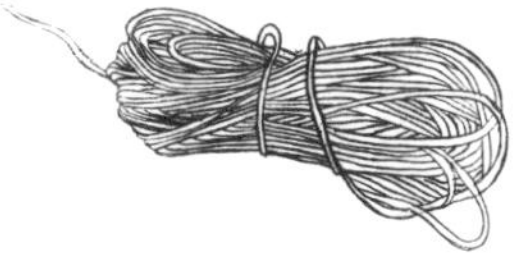

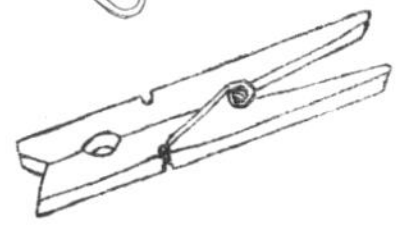

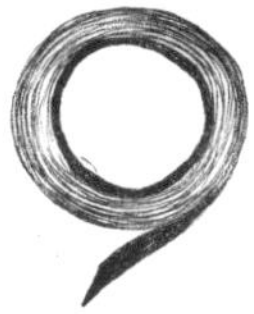

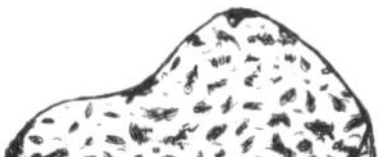

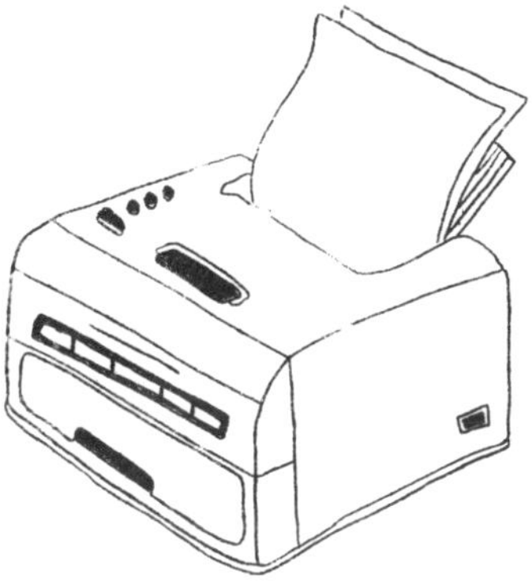

MATERIALLISTE

INGE, DIE DU WIRKLICH BRAUCHST:

Glasplatte
Sprühflasche mit Wasser
Alufolie ohne Struktur
Schere
Küchenpapier
fetthaltige Zeichenstifte
Ölpastellkreiden
Cola
Spüle/Waschbecken mit fließend Wasser
Pflanzenöl
Untergrund für die Farbe
Ölfarbe
Lackierrolle aus Schaumstoff
Papier (ca. 170 g/m²)

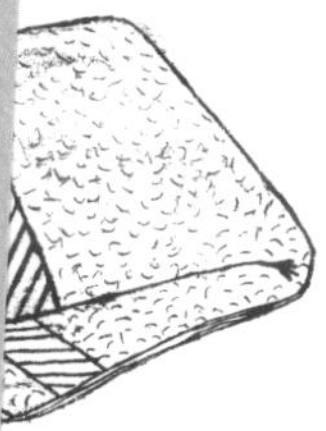

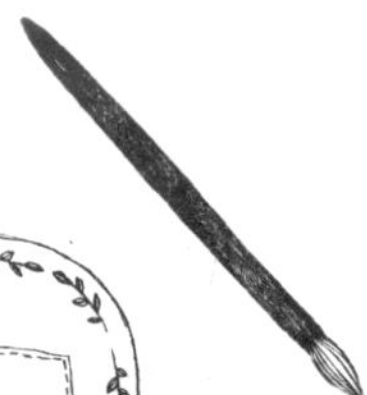

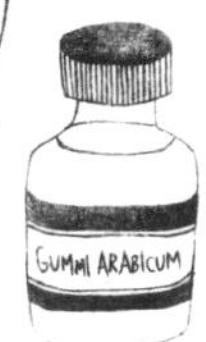

TIPP

ls Glasplatte haben wir uns einfach das Glas aus inem alten Bilderrahmen genommen. Ein altes Stück olz, Karton oder Glas kannst du als Untergrund zum arbausrollen nutzen. Fetthaltige Zeichenstifte findest u in gut sortierten Bastelläden. Am besten geeignet ind die weicheren Härtegrade.

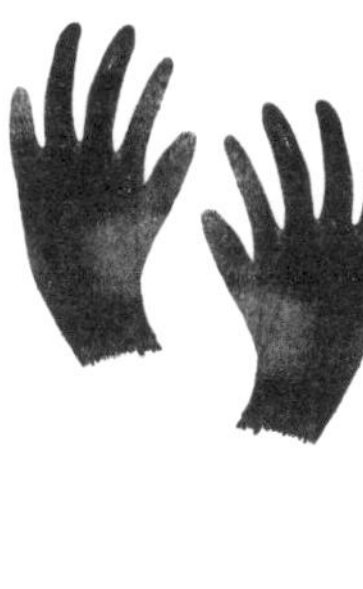

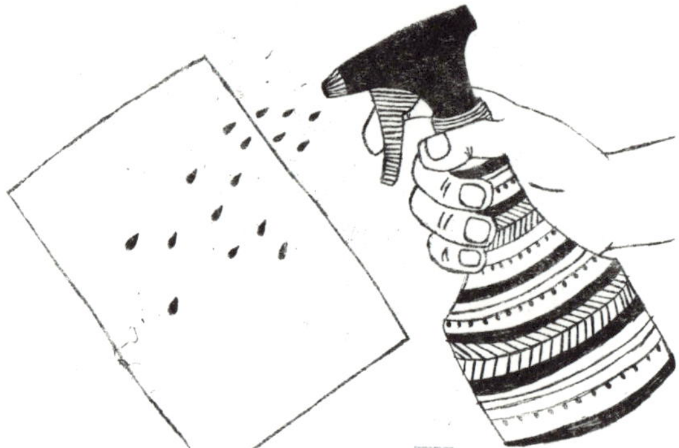

1.

TIPP

Nimm die dickste Alufolie, die du im Supermarkt findest, aber ohne Waben.

Wenn du vermeiden möchtest, dass Fingerabdrücke auf die Druckplatte kommen, arbeite mit Einweghandschuhen. Denn jeder Fingerabdruck wird später in deinem Druck sichtbar.

Entstehen Blasen oder Falten beim Ausrollen der Alufolie, nutze mehr Wasser. Durch das Wasser schmiegt sich die Alufolie faltenfrei an die Glasplatte an.

Falls die Alufolie an den Ecken der Glasplatte leicht einreißt, kannst du trotzdem problemlos weitermachen.

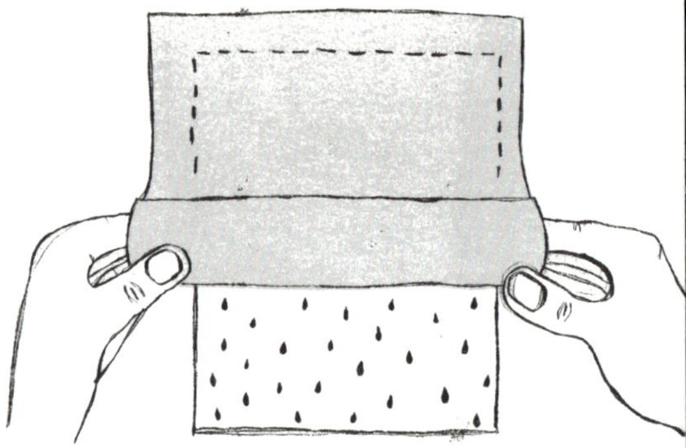

2.

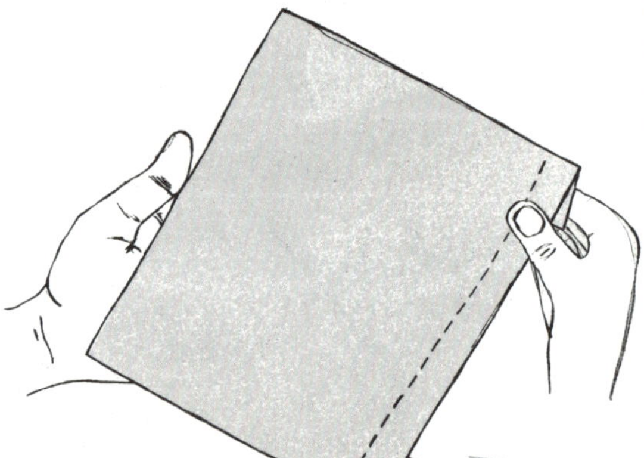

3.

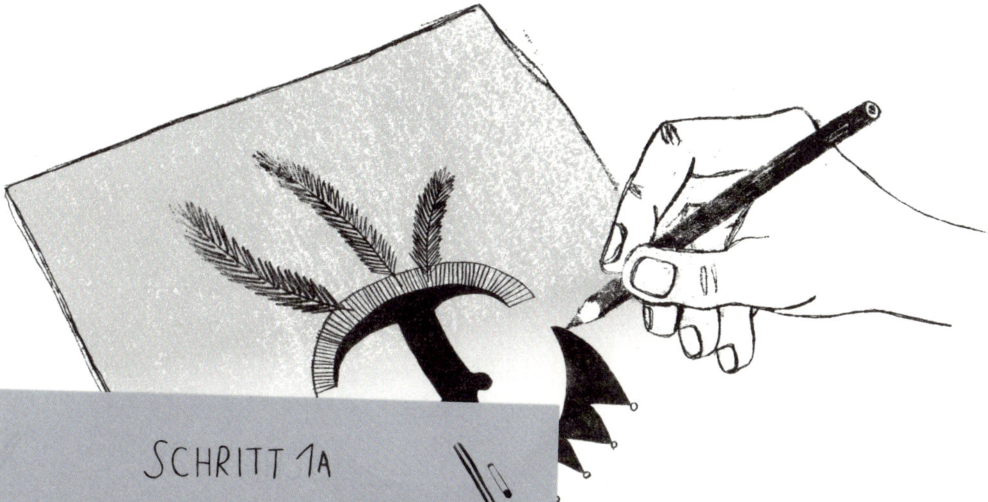

SCHRITT 1A

VORBEREITEN DER DRUCKPLATTE

(ZEICHNUNG)

DAFÜR BRAUCHST DU:

Glasplatte
Sprühflasche mit Wasser
Alufolie
Schere
Küchenpapier

1. Bevor du mit dem Druckverfahren beginnst, legst du deinen Arbeitsplatz mit Küchenpapier oder einem alten Handtuch aus. Gehe sicher, dass die Glasplatte sauber ist. Die Oberfläche sollte ganz glatt sein. Du kannst sie einfach mit ein bisschen Spüli, warmem Wasser und Schwamm von Unebenheiten befreien. Sprühe sie dann mit Wasser ein, sodass ein Wasserfilm die Oberfläche bedeckt.

2. Setze die Alufolie ca. 10 Zentimeter mittig oberhalb deiner Glasplatte auf und rolle sie mit der matten Seite nach oben über die Glasplatte. Etwa 10 Zentimeter unterhalb der Glasplatte schneidest du die Alufolie vorsichtig mit der Schere ab.

3. Die Seitenstücke der Alufolie faltest du nun auf die Rückseite. Dazu legst du die Druckplatte auf eine Hand, und mit der anderen klappst du die Seiten um.

TIPP

Für die Zeichnung kannst du an sich alle fetthaltigen Materialien verwenden. Wir haben zum Beispiel auch mit Pflanzenöl und Pinsel gearbeitet, das Hautfett unserer Finger benutzt und eine fetthaltige Gesichtscreme zum Zeichnen ausprobiert. Du kannst dir auch ein Stück der Seife abschneiden und damit direkt auf die Platte zeichnen.

Handelsübliche Seifenstücke sind in der Regel fetthaltig. Mit Gall- oder Schmierseife funktioniert es aber auch.

Bei deiner ersten Platte raten wir dir, dich nicht völlig in der Zeichnung zu verlieren. Wir haben am Anfang auch immer lange an unseren Zeichnungen gesessen, und dann war die Enttäuschung groß, wenn die Druckplatte nicht funktioniert hat.

Sollte die Folie gleich zu Beginn deiner Zeichnung reißen, dann fange einfach nochmal bei Schritt 1 an. Wenn du schon länger an der Zeichnung gearbeitet hast, gehe zum Kapitel »Hat's nicht geklappt?« auf Seite 76. Dort erklären wir dir, wie du die Druckplatte noch retten kannst.

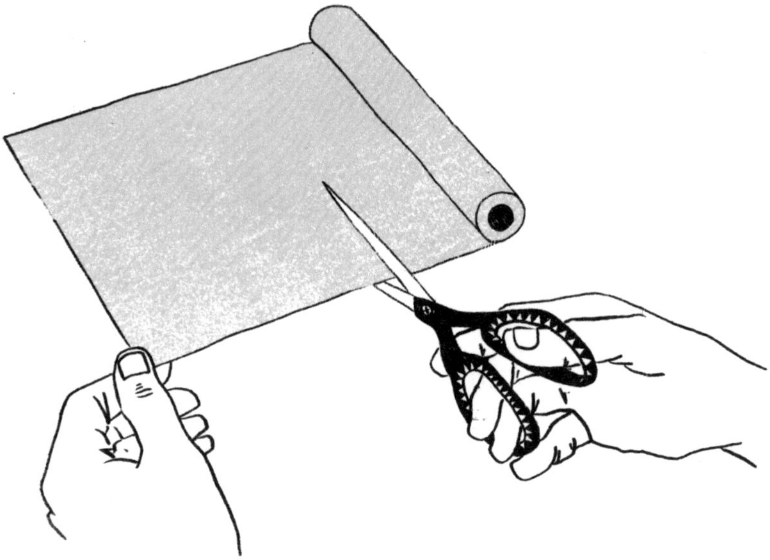

1.

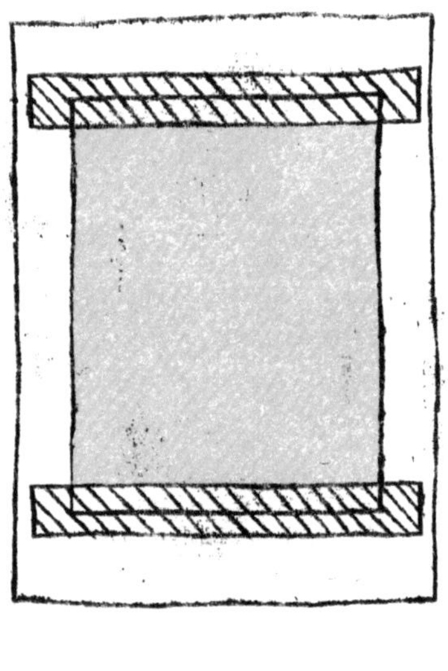

2.

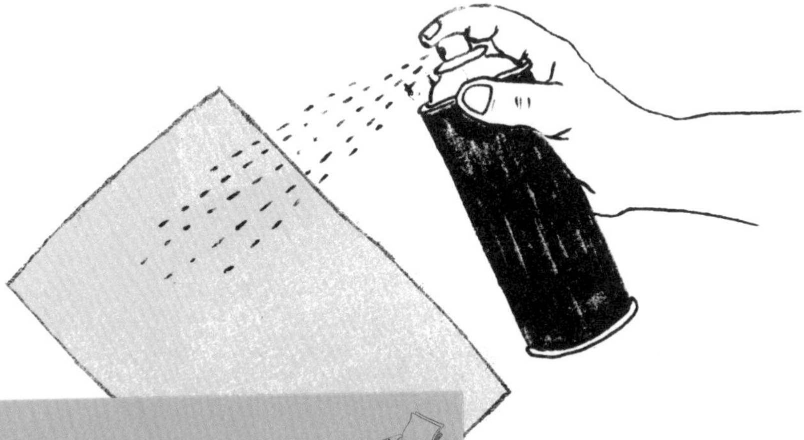

SCHRITT 1B

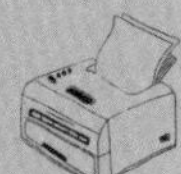

VORBEREITEN DER DRUCKPLATTE

(LASERDRUCKER)

FÜR DIE ERSTE VARIANTE BRAUCHST DU:

Klebeband
Schere
Laserdrucker
A4-Kopierpapier

Um die Alufolie für den Druck im Laserdrucker vorzubereiten hast du zwei Möglichkeiten:

1. Du schneidest ein Stück Alufolie zu, das kleiner ist als ein A4-Blatt. Es sollte so viel Rand zu allen 4 Seiten haben, dass du an den Kanten entlang ein Klebeband kleben kannst. Die matte Seite der Alufolie muss nach oben zeigen. Achte darauf, dass du möglichst keine Fingerabdrücke auf der matten Seite der Oberfläche hinterlässt.

2. Ist die Alufolie zugeschnitten, legst du sie mittig auf ein A4-Papier. Das kann einfaches Kopierpapier sein. Klebe nun an allen Rändern entlang, die Klebestreifen fest. Das ist wichtig, damit sich die dünne Alufolie nicht im Laserdrucker verfängt.

Auf der Rückseite zeigen wir dir noch eine Alternative zu der Variante mit dem Klebeband.

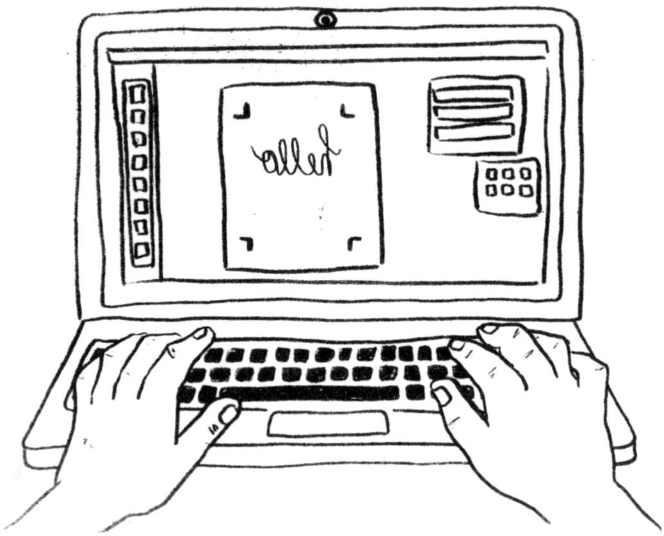

1.

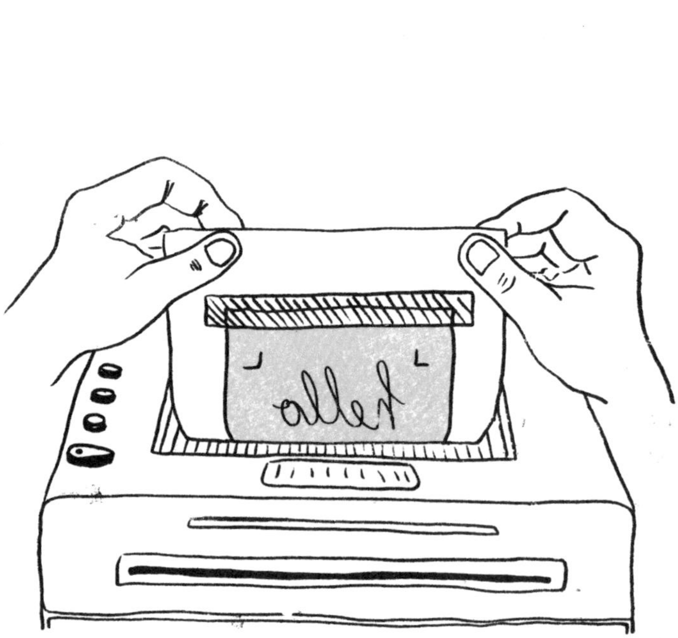

2.

SCHRITT 2B

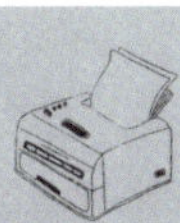

DRUCKVORLAGE AUS DEM LASERDRUCKER

DAFÜR BRAUCHST DU:

Computer mit Grafikprogramm
Laserdrucker
vorbereitete Druckplatte

Am Computer spiegelst du dein Motiv in einem Programm deiner Wahl. Dein Motiv muss spiegelverkehrt auf die Alufolie gedruckt werden, damit es später seitenrichtig gedruckt werden kann. Jetzt legst du das Blatt mit der aufgeklebten Alufolie vorsichtig in den Drucker. Je nachdem, wie der Drucker das Papier einzieht – ob die nach oben oder die nach unten liegende Seite der Blätter im Papierfach bedruckt wird – musst du die Seite mit der Alufolie nach oben oder nach unten einlegen.

Hast du dich für die Variante mit dem Sprühkleber entschieden, lässt sich die bedruckte Alufolie nicht mehr vom Trägerpapier entfernen. Lege eine Glasplatte auf ein Handtuch, besprühe sie mit Wasser und positioniere das Papier mit aufgeklebter Alufolie darauf. Hast du die Alufolie mit Klebeband am Papier befestigt, kannst du dieses vorsichtig entfernen. Im Anschluss besprühst du eine Glasplatte mit Wasser und positionierst die bedruckte Alufolie darauf. Deine Druckplatte ist nun bereit für Schritt 3 auf der nächsten Seite.

TIPP

Hinweis: Wir haben viele Drucke auf diese Weise gemacht und mit den beschriebenen Methoden hat es immer fehlerfrei funktioniert. Dennoch weisen wir ausdrücklich darauf hin, dass wir keine Haftung für mögliche Defekte an deinem Laserdrucker übernehmen können, wenn du mit diesem experimentierst.

Bei dieser Methode musst du später darauf achten, dass das Motiv auch die richtige Größe für die ausgeschnittene Alufolie hat.

Welche Seite des Papiers der Drucker bedruckt kannst du testen, indem du dir eine kleine Markierung auf einer Seite eines Papiers machst und dann einen Testdruck anfertigst. So siehst du, welche Seite bedruckt wird.

Wenn auf der bedruckten Alufolie ein paar Falten sind, macht das nichts. Entweder verschwinden sie nach und nach beim Drucken oder es gibt schöne Effekte, die oftmals den Charme handgemachter Drucke ausmachen.

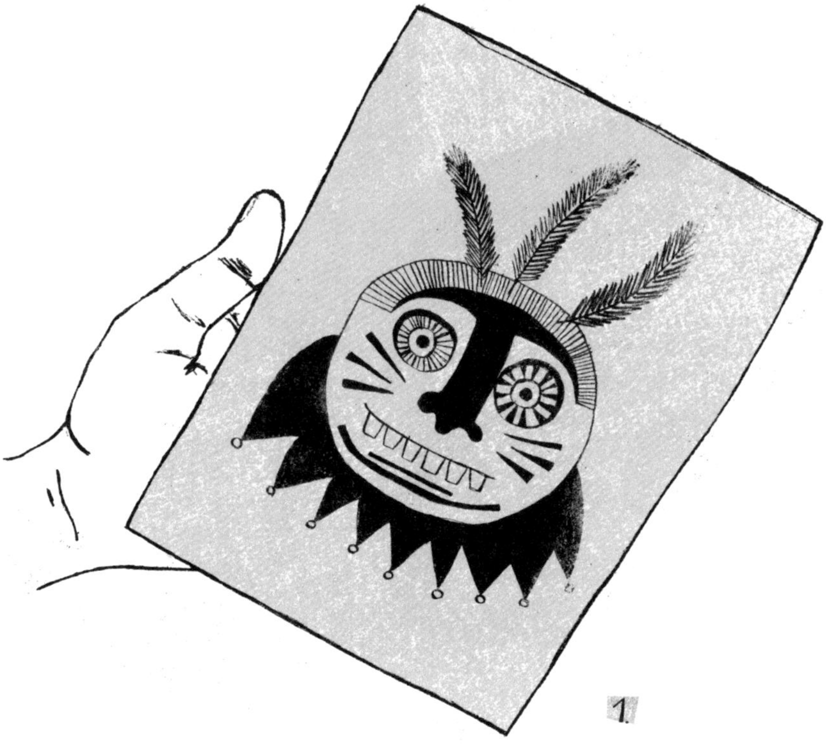

1.

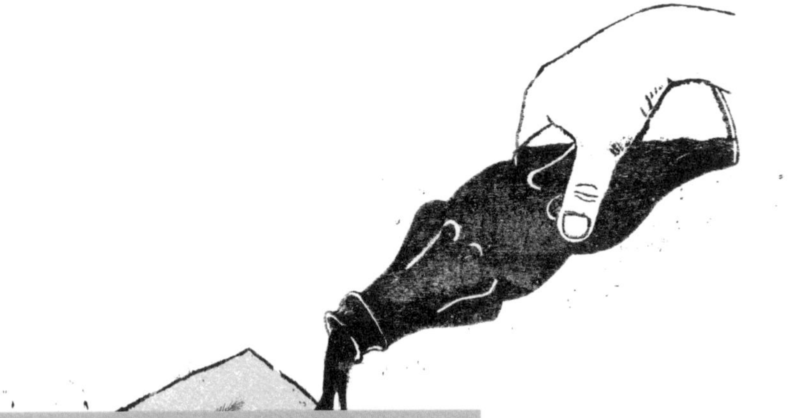

SCHRITT 3

ÄTZEN

DAFÜR BRAUCHST DU:

die Druckplatte mit deinem Motiv
Cola
Spüle
Wasser

Nimm dir vorsichtig deine Druckplatte. Halte sie am besten immer am Rand fest oder lege sie mit der Rückseite auf deine Handfläche. Jetzt geht es ans Ätzen deiner Druckplatte.

Das Ätzen verändert die Oberfläche der Alufolie überall dort, wo keine fetthaltige Farbe, Seife usw. aufgetragen wurde. Die »ungeschützten« Stellen der Druckplatte werden aufgeraut und damit »wasserliebend«. Später kann hier ein Wasserfilm haften, der die Druckfarbe abstößt. Das ist das Prinzip der Lithografie.

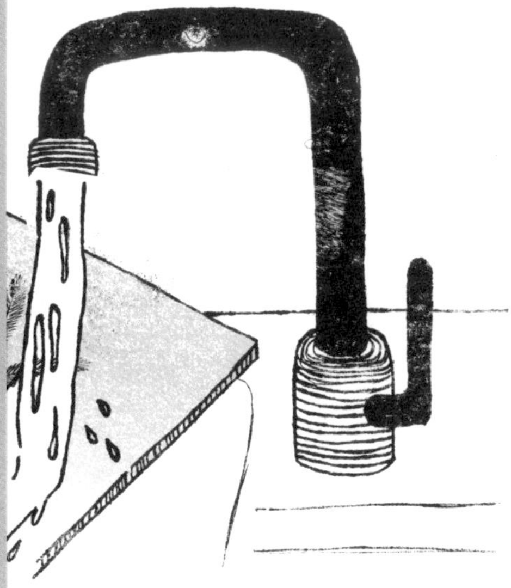

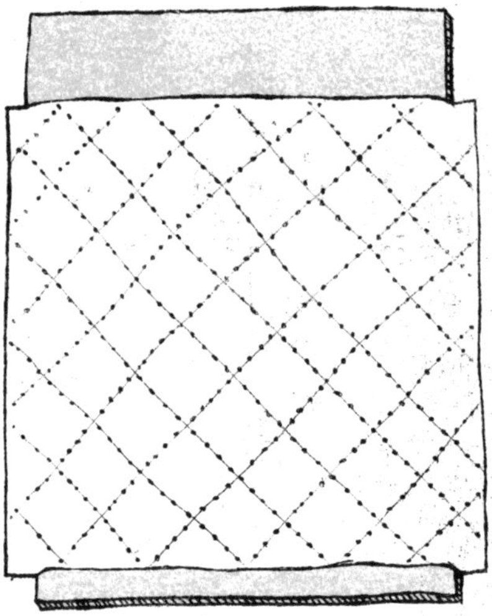

1.

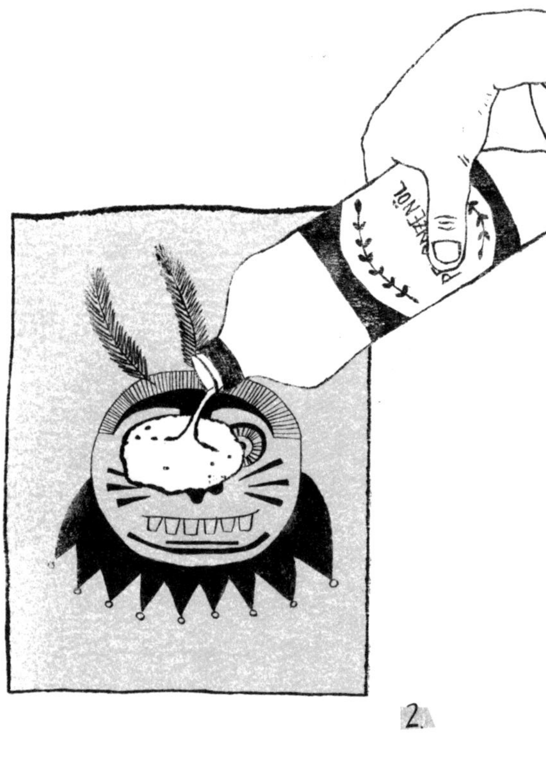

2.

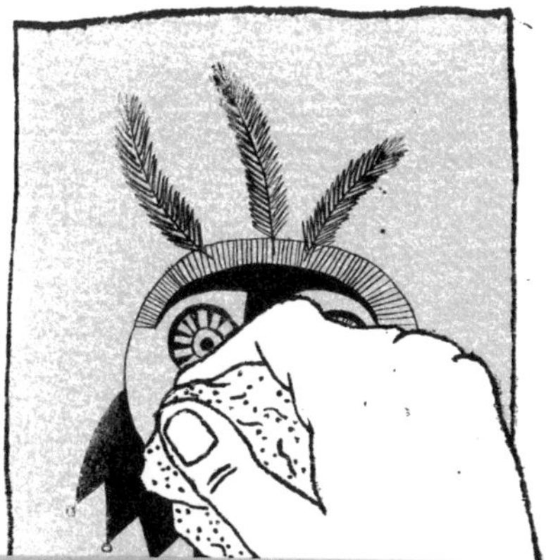

SCHRITT 4

ENTFERNEN DER FARBRESTE

DAFÜR BRAUCHST DU:

deine geätzte Druckplatte
Pflanzenöl
Küchenpapier
Sprühflasche mit Wasser

chtung! Hast du deine Druckplatte mit dem Laserdrucker edruckt, entfällt dieser Schritt und du kannst direkt weiter u Schritt 5 auf der nächsten Seite übergehen.

Um das Wasser zu entfernen, legst du ein Stück Küchenpapier auf deine feuchte Druckplatte und tupfst das Wasser vorsichtig ab.

Mit einem Schuss Öl (ca. 2 Esslöffel) und einem Stück Küchenpapier reibst du vorsichtig in kleinen kreisenden Bewegungen die Farbreste der Ölkreide weg. Vorsicht: Nimm lieber etwas Öl zu viel als zu wenig. Wenn nicht ausreichend Öl verwendet wird, kann es passieren, dass du die Druckplatte zerkratzt.

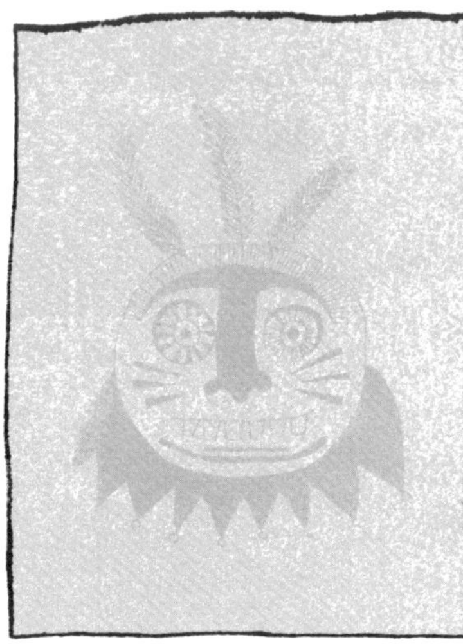

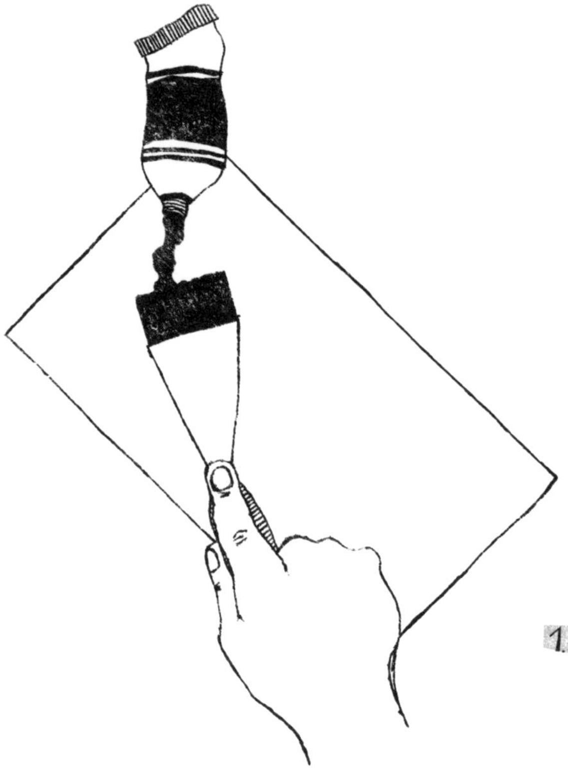

1.

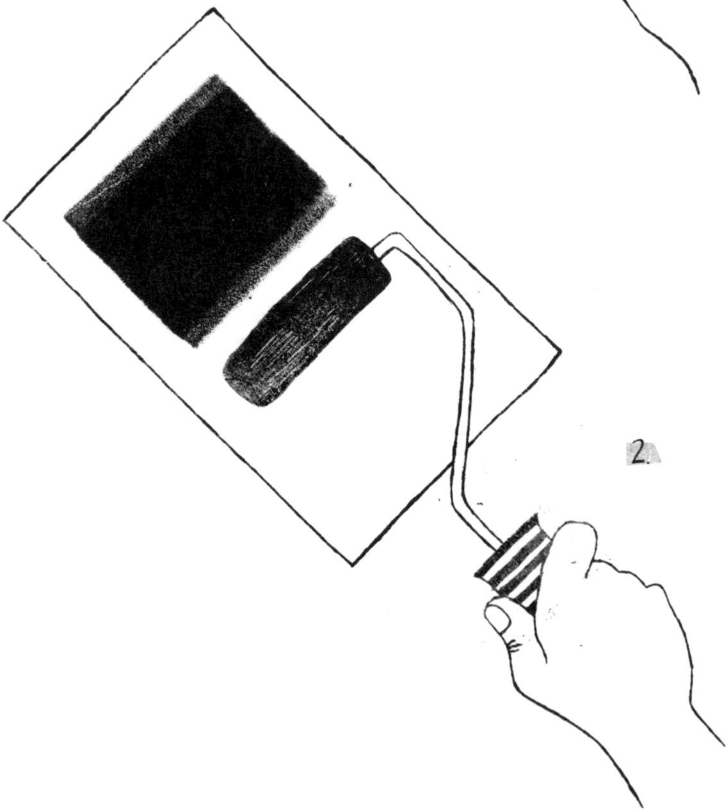

2.

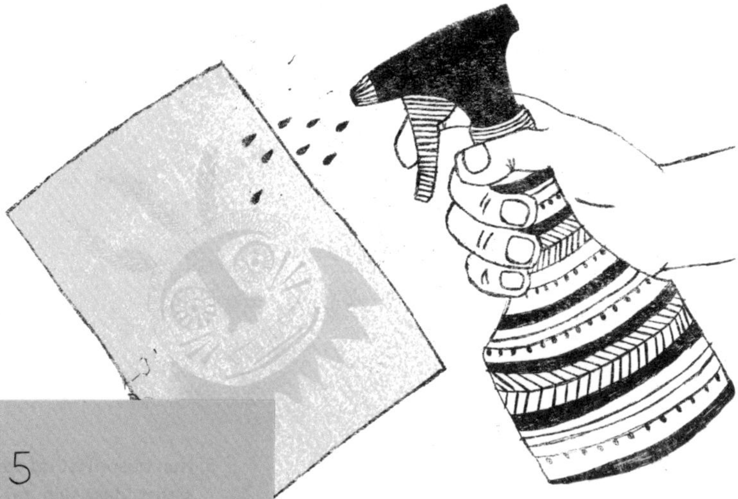

SCHRITT 5

EINFÄRBEN DER DRUCKPLATTE

DAFÜR BRAUCHST DU:

deine präparierte Druckplatte
Ölfarbe
Untergrund zum Ausrollen der Ölfarbe
Lackierrolle
Sprühflasche mit Wasser
(Spachtel)
(Schale mit Wasser)
(Schwamm)

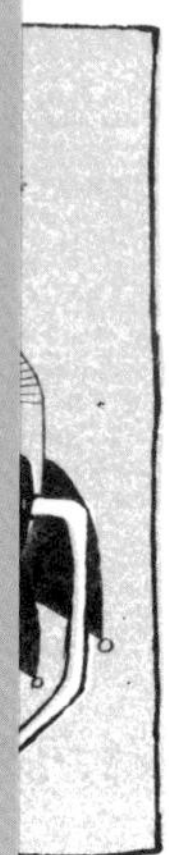

Am besten bereitest du zuerst die Farbe vor. Du drückst zwei bis drei Zentimeter Ölfarbe aus der Tube auf deinen Farbuntergrund und verteilst diese mit dem Spachtel. Wir verwenden in der Regel ein altes Holzbrett, auf dem wir die Ölfarbe verstreichen. Du kannst aber auch eine Glasplatte oder einen dicken Karton nehmen.

Dann rollst du mit der Lackierrolle darüber. Wenn du merkst, dass sich die Farbe schlecht verteilt, kannst du ruhig ein paar Tropfen Pflanzenöl dazugeben. Die Rolle ist gut eingefärbt, sobald sie beim Rollen ein leicht schmatzendes Geräusch macht.

TIPP

Kleine Details in deiner Zeichnung, die mit der Lackierrolle nur schwer einzufärben sind, kannst du auch einfach mit einem Wattestäbchen färben.

MEHRFARBIGES EINFÄRBE
+ IRISDRUCK

DAFÜR BRAUCHST DU:

die mit Wasser benetzte Druckplatte
zwei verschiedenfarbige Ölfarben
Untergrund zum Verstreichen der Farben
zwei Lackierrollen
Sprühflasche mit Wasser

1. Du kannst auch einzelne Partien deiner Druckplatte mi verschiedenen Farben einfärben. Nutze für jede Farbe jeweils eine Lackierrolle. Rolle vorsichtig mit den jewe ligen eingefärbten Lackierrollen über die entsprechenden Teile des Motivs, die farbig werden sollen.

2. Um einen Verlauf zu drucken, bereitest du deine Druc platte so weit vor, dass du sie einfärben kannst. Dann färbst du zwei Drittel deines Motivs mit der helleren Farb ein. Anschließend färbst du das verbliebene Drittel mit der dunkleren Farbe ein. Du kannst jetzt beginnen, beid Farben auf der Druckplatte zu vermischen. Dafür nimmst du am besten die Lackierrolle mit der dunkleren Farbe Rolle diese vorsichtig von der dunkleren in die hellere Farbe. Je weiter du in den Bereich der helleren Farbe kommst, umso mehr reduzierst du den Druck, mit dem d über die Druckplatte rollst, um den Verlauf in die hellere Farbe schön auslaufen zu lassen. Probiere hier einfach ei bisschen aus, wie es für dich am besten klappt.

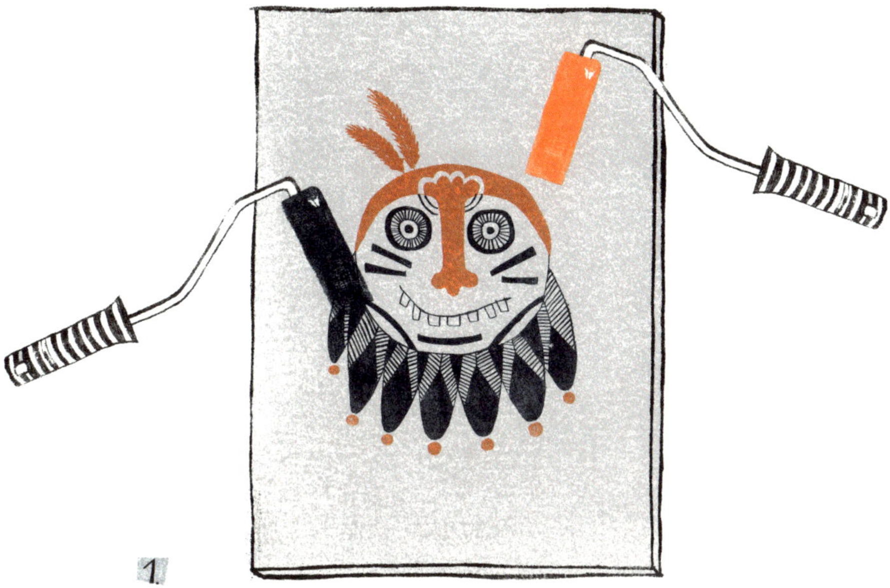

1.

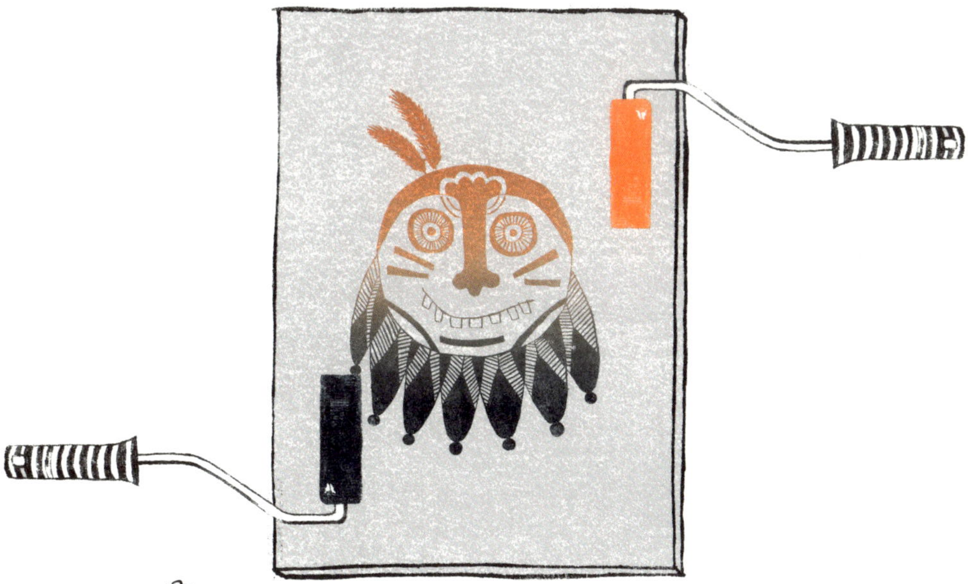

2.

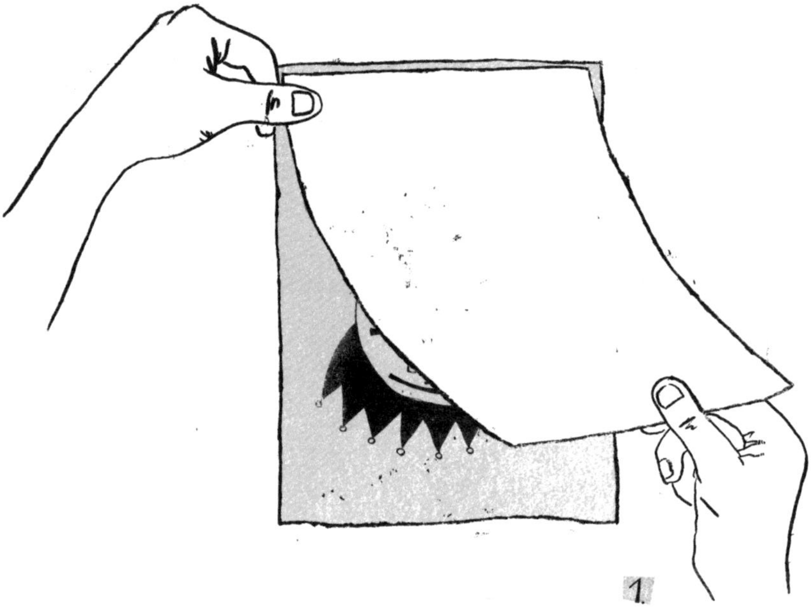

1.

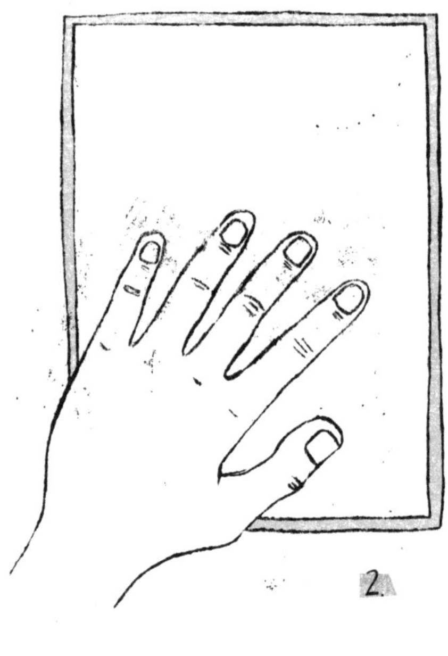

2.

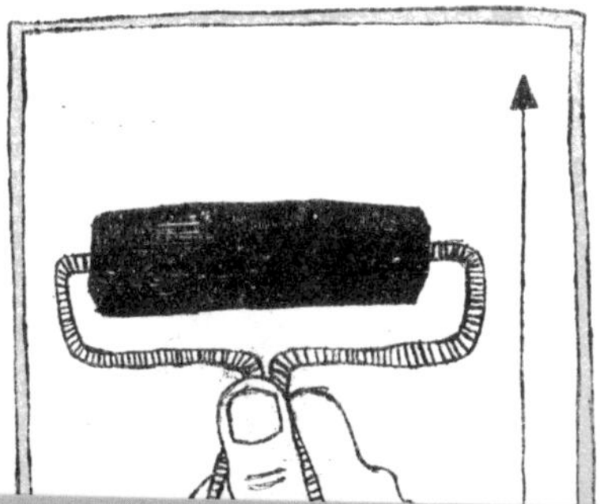

SCHRITT 6

DRUCKEN

DAFÜR BRAUCHST DU:

die eingefärbte Druckplatte
Papier
Linolwalze oder Löffel

Du nimmst dir ein Blatt Papier. Ein Zeichenpapier mit 170 g/m² eignet sich besonders gut. Lege es an einer Ecke der Druckplatte an und halte es mit dem Finger dort fest. Dann lege es langsam auf die eingefärbte Druckplatte. Orientiere dich dabei einfach an einem Rand der Druckplatte, ausgehend von dem Punkt, an dem du das Papier angelegt hast.

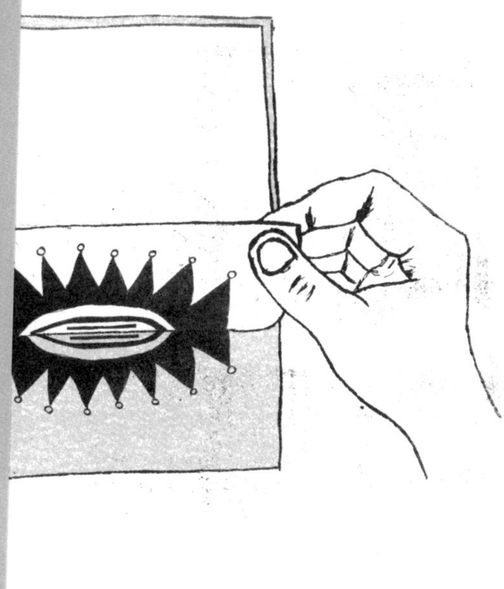

Streiche mit leichtem Druck deiner Hand über das Papier und dein komplettes Motiv. So bleibt das Papier an der Position haften und sollte nicht mehr verrutschen. Wenn du merkst, dass sich das Papier zu stark wellt, kannst du nach dem nächsten Einfärben das Wasser auf der Druckplatte mit einem Stück Küchenpapier entfernen. So saugt sich das Papier nicht direkt mit zu viel Wasser voll.

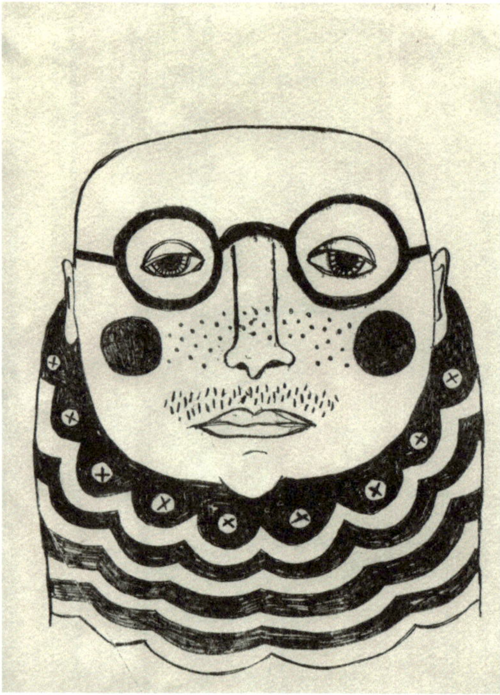

1/350

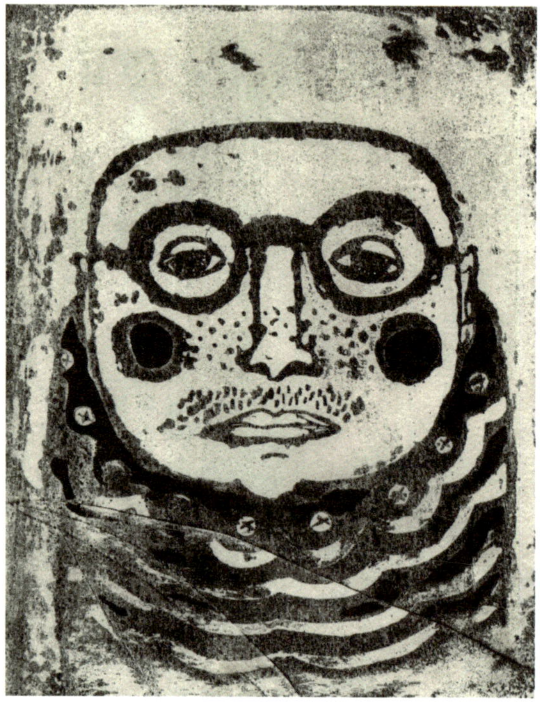

350/350

WENN ALLES GUT LÄUFT, KANN MAN VON EINER DRUCKPLATTE 100 BIS 200 DRUCKE ERZEUGEN. DIE DRUCKPLATTE WIRD VON DRUCK ZU DRUCK EIN BISSCHEN ZUSUPPEN UND IRGENDWANN AN STELLEN FARBE ANNEHMEN, WO EIGENTLICH KEIN SEIN SOLLTE. MANCHMAL WIRD DIE ZEICHNUNG DADURCH ABER NOCH VIEL SPANNENDER.

DAS MÄNNCHEN, DAS DU OBEN SIEHST, HABEN WIR IN EINER AUFLAGE VON 350 EXEMPLAREN GEDRUCK DIE PLATTE HABEN WIR VORHER MIT GUMMIARABICU ÜBERZOGEN. WIE DAS GEHT, ERKLÄREN WIR DIR IM KAPITEL »UND SO GEHT'S WEITER...« AB SEITE 8

WEITERE DRUCKE

DAFÜR BRAUCHST DU:

die eingefärbte Druckplatte
Sprühflasche mit Wasser
Ölfarbe
Lackierrolle
Papier
Linolwalze oder Löffel
Schwamm

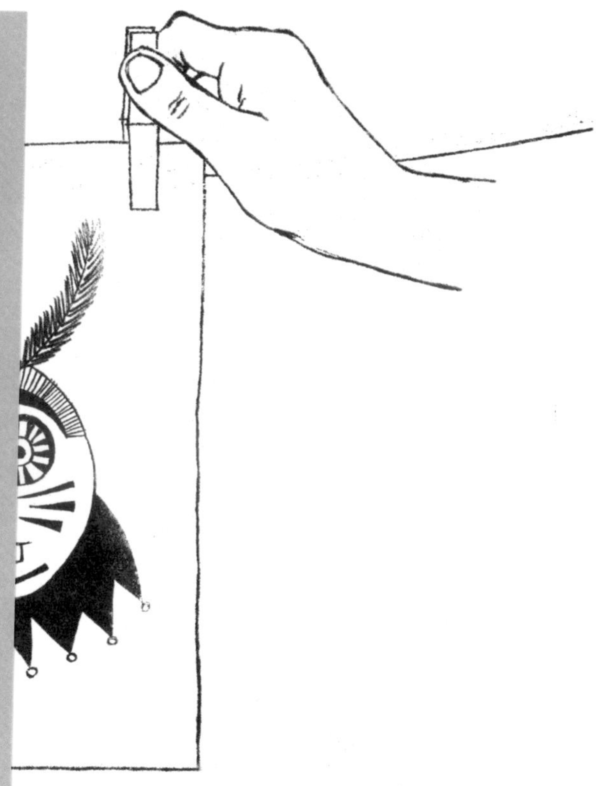

Venn du einen weiteren Druck auf Papier bringen möchtest, esprühst du die Druckplatte wieder mit Wasser, färbst sie ann neu ein und druckst auf ein weiteres Blatt Papier. Alterativ zum Besprühen der Druckplatte, kannst du auch nach edem Druck mit dem nassen Schwamm neu bewässern und leichzeitig Unreinigkeiten entfernen.

u kannst auch direkt nach dem ersten Druck ein neues latt Papier auf die Druckplatte legen. Wenn ausreichend arbe auf der Druckplatte ist, wirst du einen etwas helleren ruck als beim ersten Mal erhalten.

Venn du deine Zeichnung noch in einer weiteren Farbe rucken möchtest, entfernst du die alte Farbe mit einem assen Schwamm in kreisenden Bewegungen. Die Farbe leibt am Schwamm haften und deine Druckplatte ist bereit ür die neue Färbung. Du beginnst von Neuem mit Schritt 5, lem Einfärben der Platte.

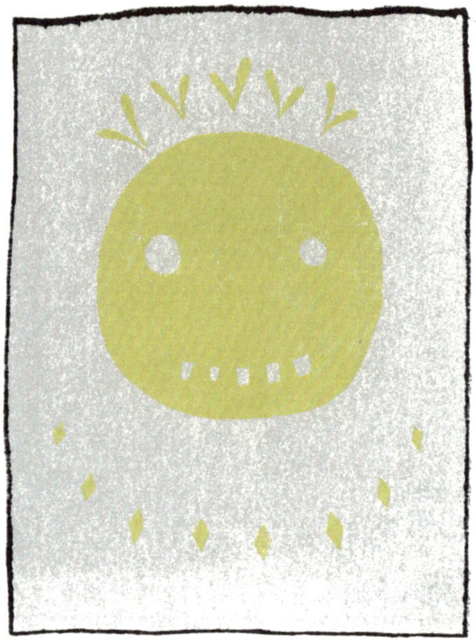

DRUCKPLATTE 1

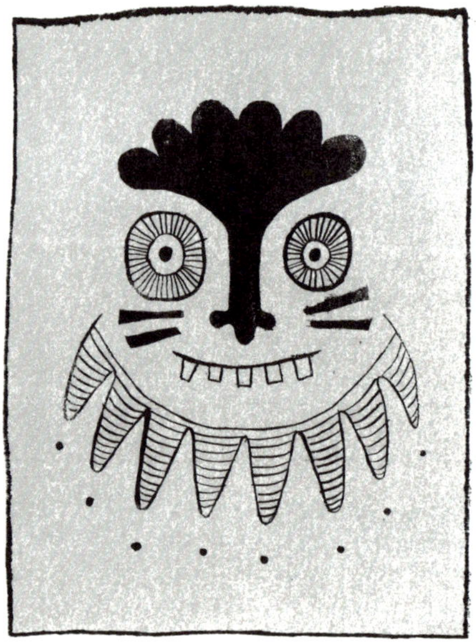

DRUCKPLATTE 2

MEHRFARBIGE DRUCKE

DAFÜR BRAUCHST DU:

zwei mit Wasser benetzte Druckplatten
zwei verschiedenfarbige Ölfarben
Spachtel
einen Untergrund je Farbe
zwei Lackierrollen
Sprühflasche mit Wasser

m mehrfarbige Drucke zu erstellen, hast du verschiedene öglichkeiten: Je nach Motiv kannst du einzelne Teile der ruckplatte in unterschiedlichen Farben einfärben, wie wir s dir auf Seite 50 gezeigt haben.

ollen sich in deinem Motiv Farben überlappen, ist es sinnoll, für jede Farbe eine Druckplatte zu erstellen. Ist die xakte Position der unterschiedlichen Farben in deinem otiv wichtig, solltest du deine Zeichnung mithilfe von urchschreib- oder Transparentpapier auf die Druckplatte bertragen. So kannst du Platte für Platte auf jeweils inem Transparentpapier vorzeichnen. Anschließend drückst u mit einem harten Bleistift jede Zeichnung auf eine vorereitete Druckplatte durch und zeichnest dann die durchedrückten Linien auf der Alufolie mit einem ölbasierenden tift oder einer Ölkreide nach. So kannst du sichergehen, ass beim Drucken später alles zusammenpasst. Wie das enau funktioniert, erklären wir dir im Kapitel »Und so geht's eiter …« auf Seite 90.

Je nachdem, wie groß die Druckplatten und das zu bedruckende Papier sind, gibt es drei Möglichkeiten, wie du sie zueinander positionierst, damit die Farben aufeinander passen. Worauf du dabei achten solltest, erklären wir dir im nächsten Schritt »Passer« auf Seite 60.

TIPP

Drucke immer zuerst die Druckplatte mit der hellsten Farbe. Anschließend dann die nächstdunklere und so weiter.

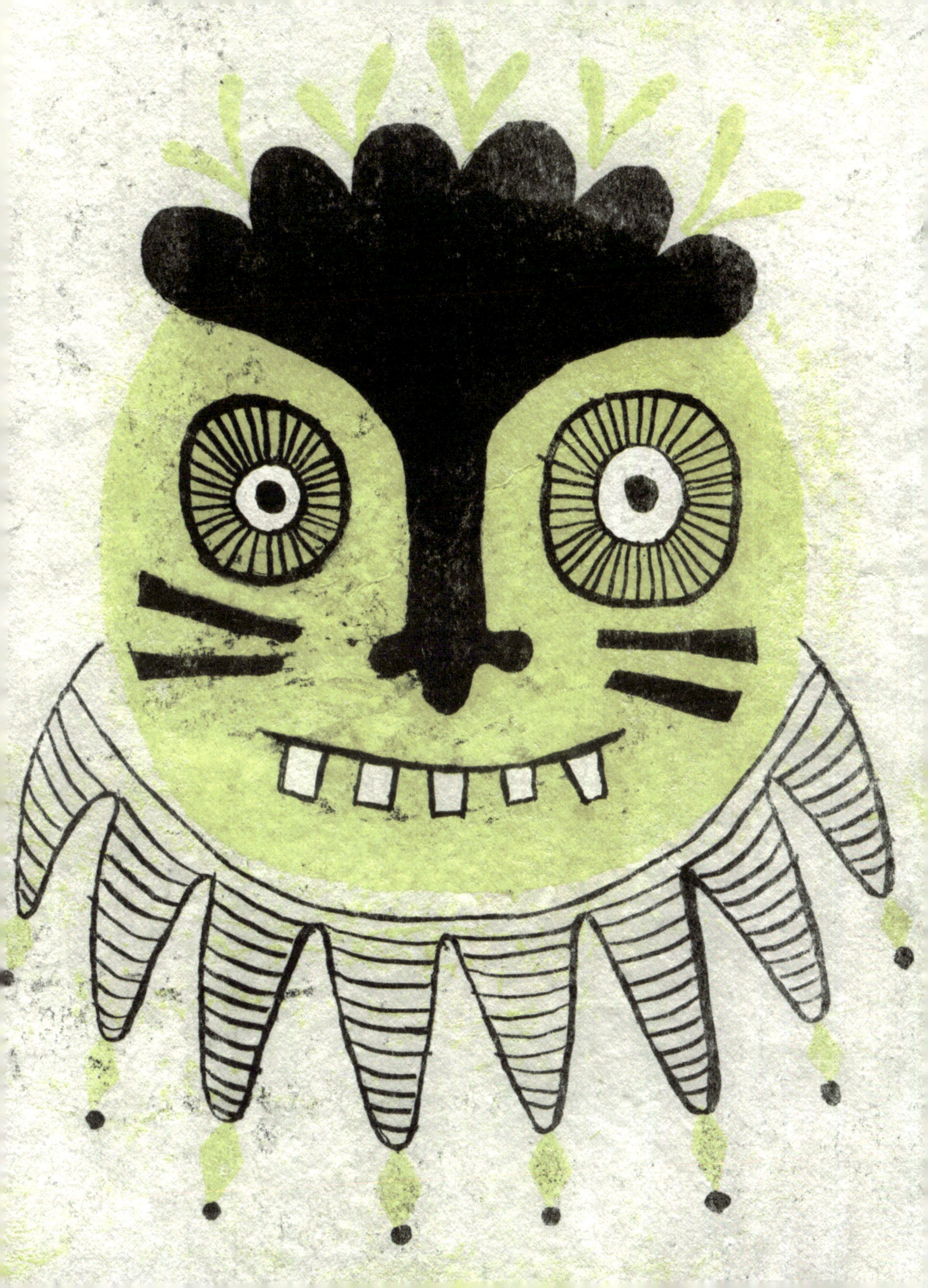

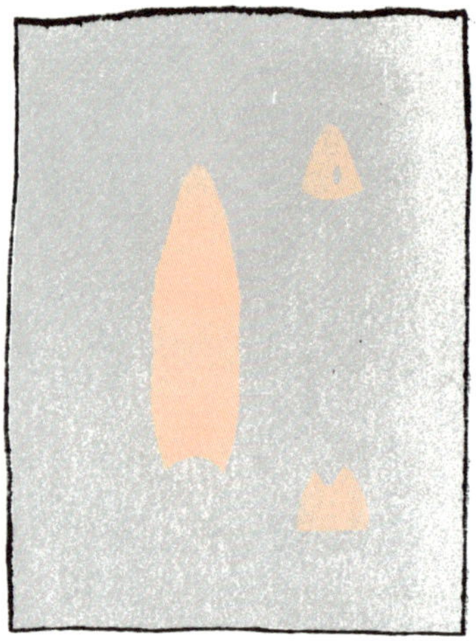

DRUCKPLATTE 1

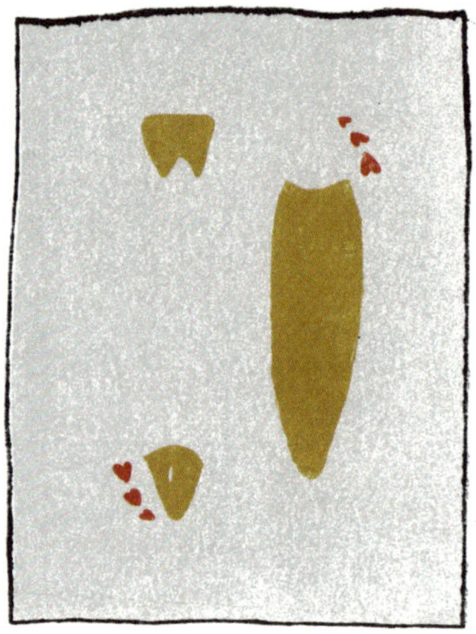

DRUCKPLATTE 2

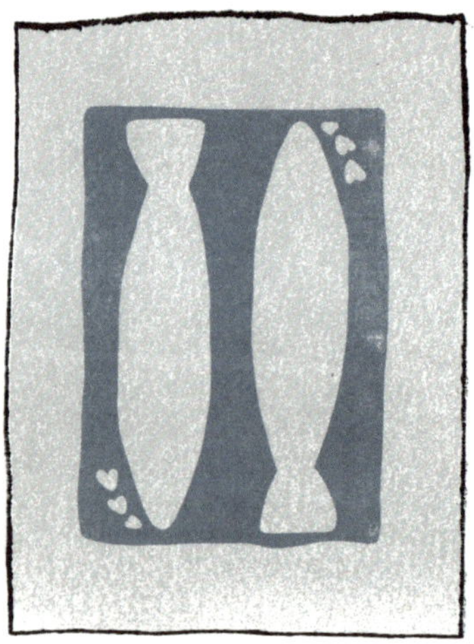

DRUCKPLATTE 3

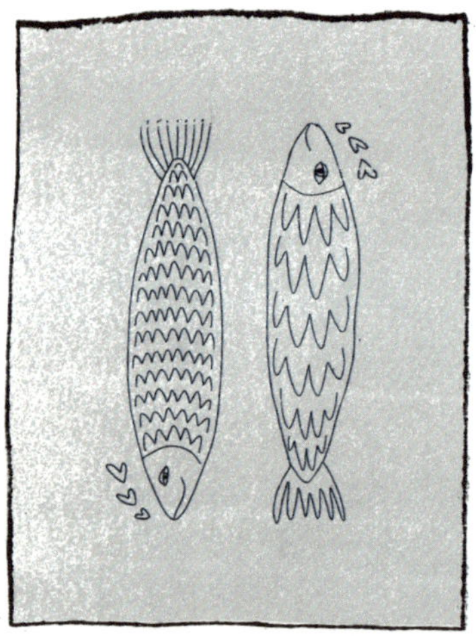

DRUCKPLATTE 4

DRUCKPLATTE 1, 3 UND 4
EINFARBIG EINGEFÄRBT

DRUCKPLATTE 2
ZWEIFARBIG EINGEFÄRBT

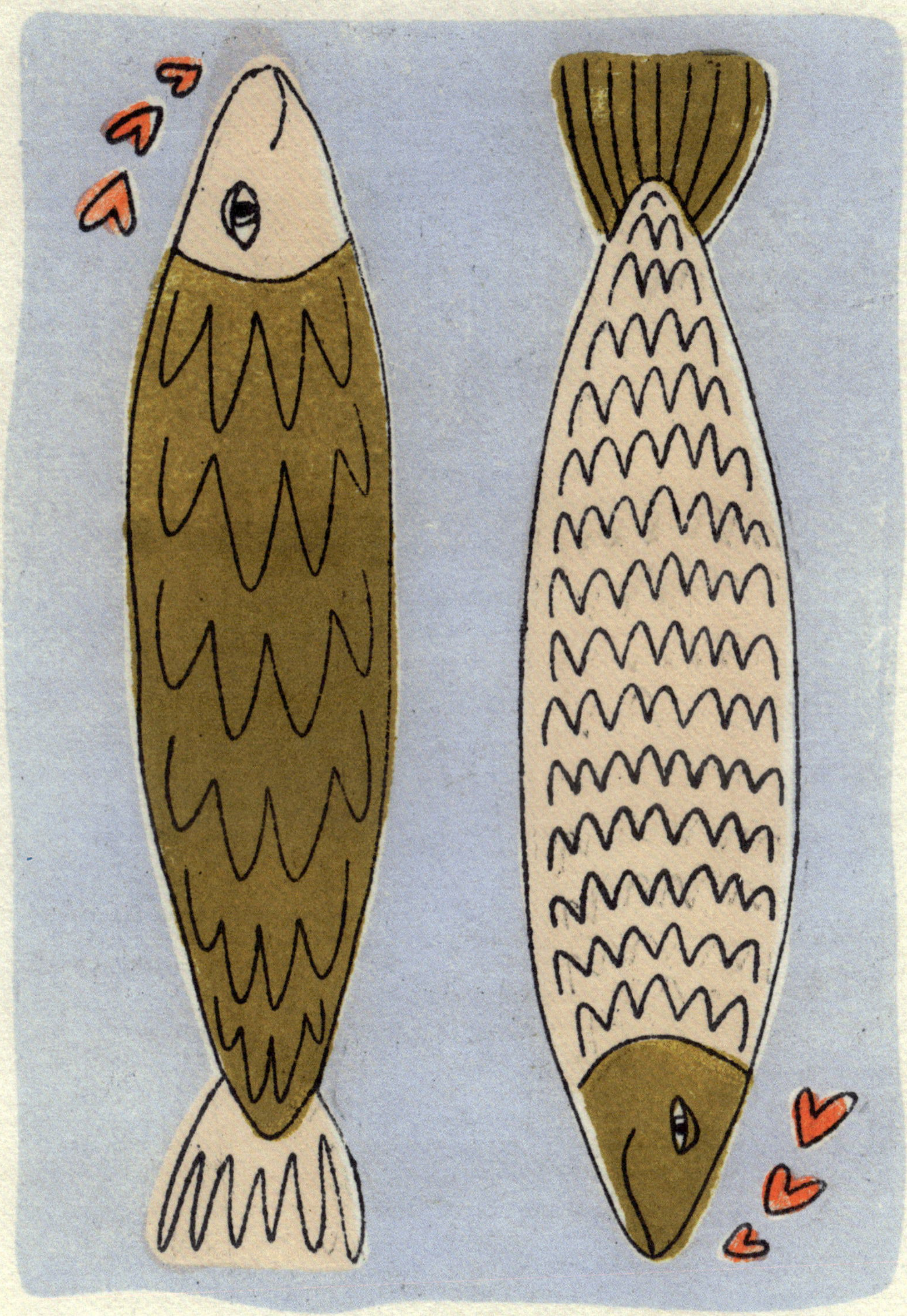

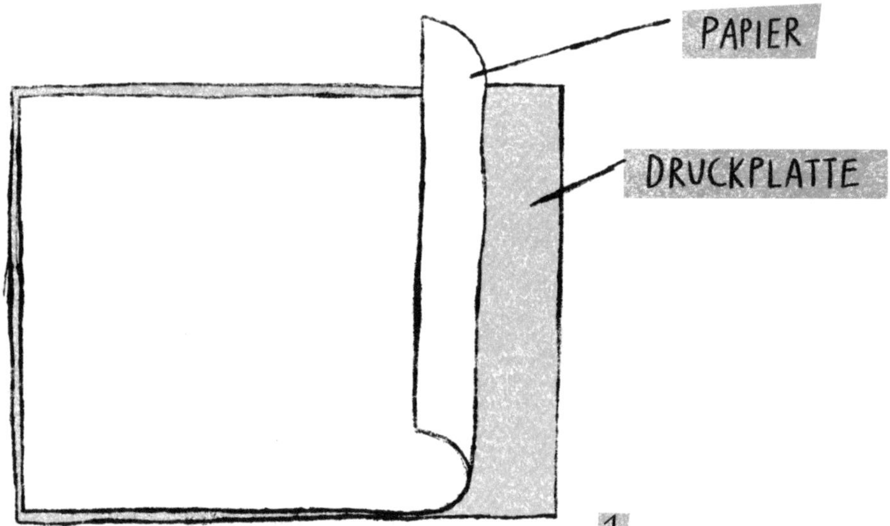

1.

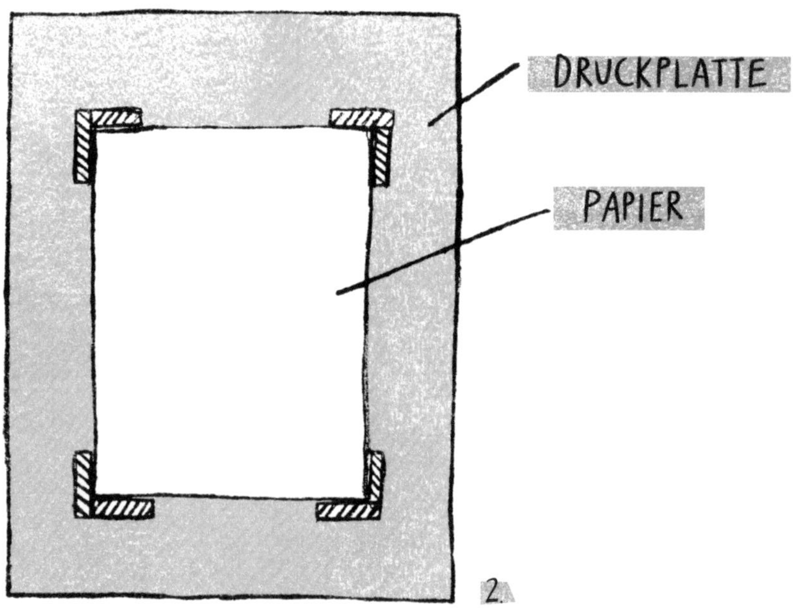

2.

PASSER

DAFÜR BRAUCHST DU:

Klebeband
Lineal

Sind Druckplatte und Papier gleich groß, ist es am einfachsten. Du legst das Papier so auf die Platte, dass es an allen Seiten der Druckplatte bündig sitzt.

Ist die Druckplatte größer als das Papier, auf das du drucken möchtest, kannst du dir mit Klebeband Markierungen auf die Druckplatte kleben. So siehst du bei weiteren Drucken, wie du das Papier auf der Druckplatte positionieren musst.

Werden verschiedene Druckplatten für ein Motiv benutzt, müssen Größe und Position des Motivs auf allen Druckplatten aufeinander abgestimmt sein. Auch die genaue Position des Papiers für den Druck kann mithilfe von Klebestreifen festgelegt werden.

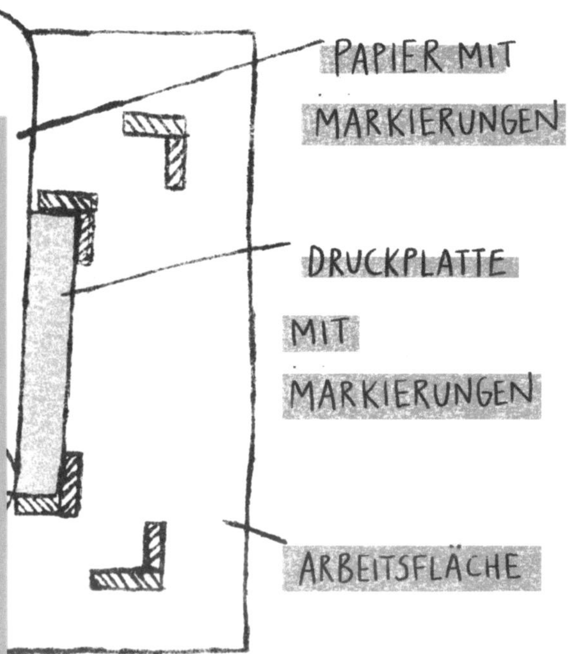

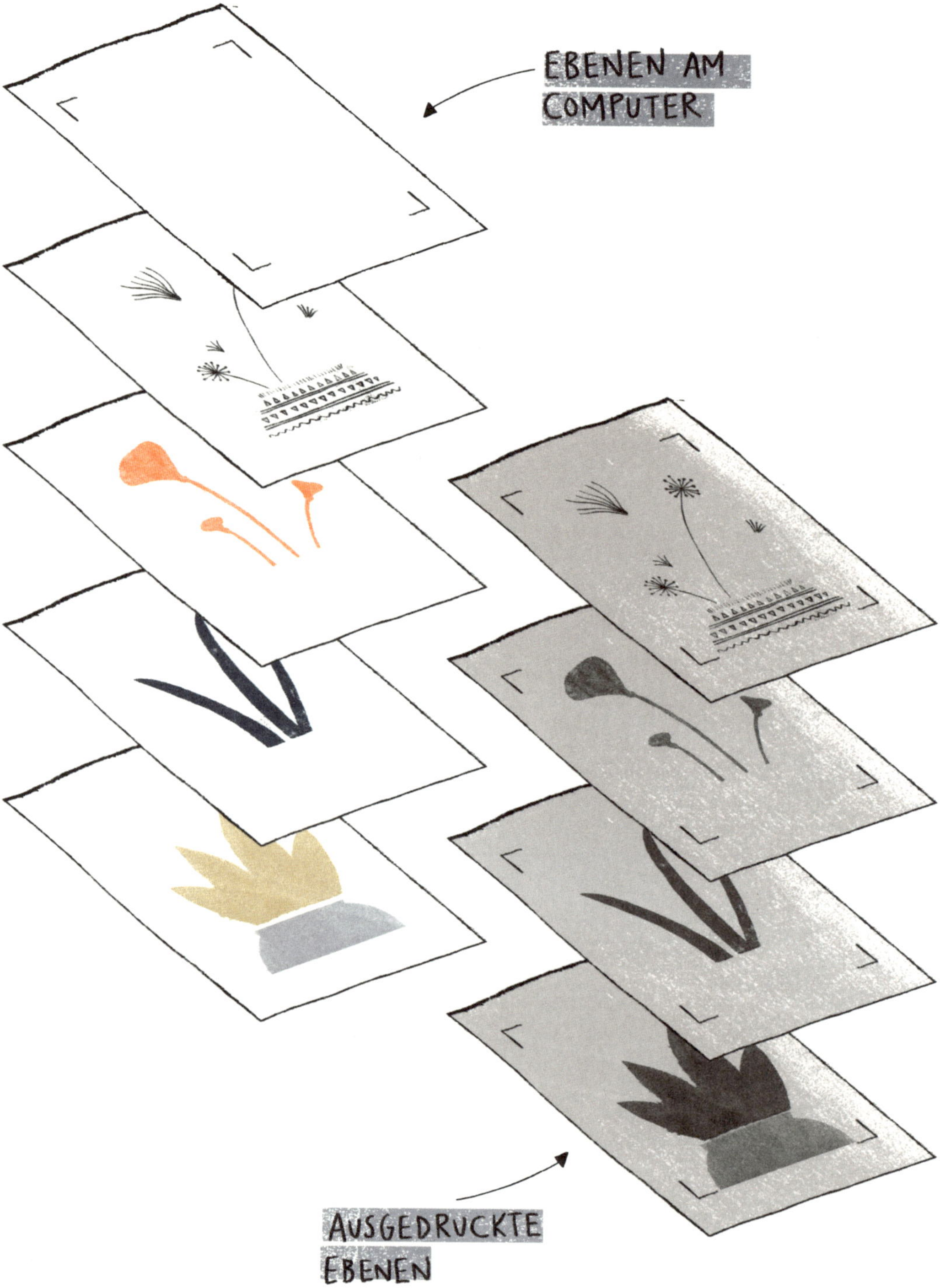
EBENEN AM COMPUTER
AUSGEDRUCKTE EBENEN

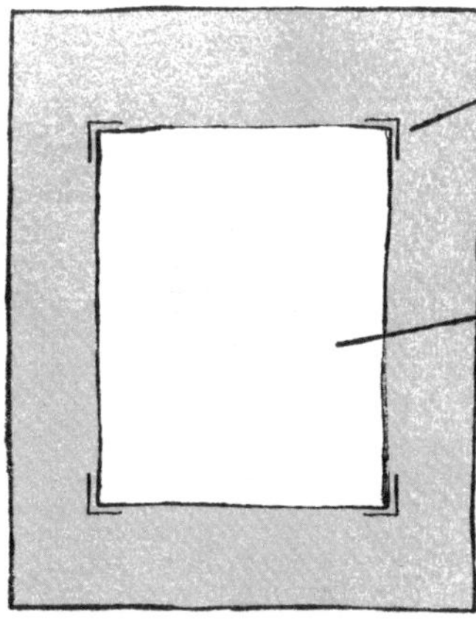

PASSER DIGITAL

DAFÜR BRAUCHST DU:

Computer
Grafik- oder Bildbearbeitungsprogramm
Laserdrucker

löchtest du von einem digitalen, mehrfarbigen Motiv ruckplatten erstellen, gibt es eine weitere Methode, wie u mit Passermarken arbeiten kannst. Bei mehrfarbigen lotiven ist das sinnvoll, denn so siehst du immer direkt, o das Papier beim Drucken angelegt werden muss.

. Um die Passermarken anzulegen, öffnest du das Motiv in einem Grafikprogramm. Am besten erstellst du dir für jede spätere Farbe des Motivs eine Ebene. Anschließend fügst du eine weitere Ebene für die Passermarken hinzu. Auf dieser Ebene platzierst du die Passermarken je nach gewünschtem Papierformat sowie der Position, wo der Druck auf dem Papier sitzen soll.

. Jetzt kannst du jeweils eine Motivebene mit der Passermarken-Ebene auf die vorbereitete Alufolie drucken. Die anderen Motivebenen blendest du in der Zeit aus. Auch hier musst du darauf achten, dass du die Einzelteile des Motivs spiegelverkehrt ausdruckst. Hast du alle Teile des Motivs ausgedruckt, geht es zum nächsten Schritt.

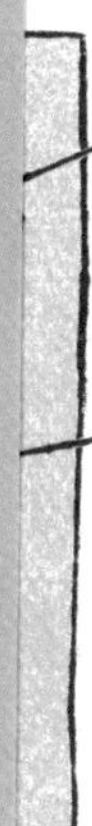

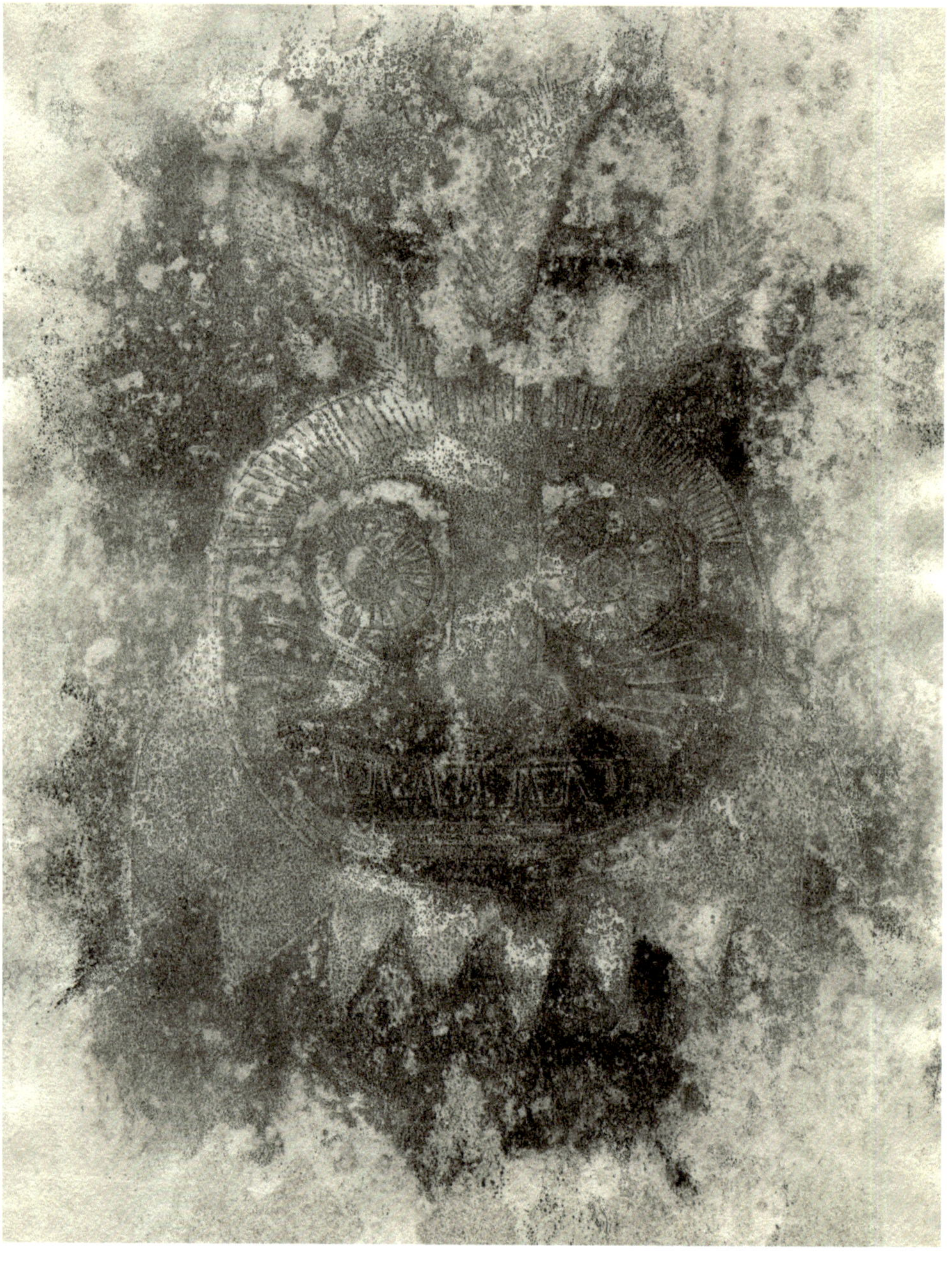

HIER SIEHST DU EINEN DRUCK, DEN WIR VON EINER DRUCKPLATTE GEMACHT HABEN, DIE ÜBER SECHS MONATE LANG AN UNSERER SPÜLE STAND. DORT WAR SIE STÄNDIG DEN SPRITZERN VON SPÜLWASSER, FETT UND TEIG AUSGESETZT.

ARCHIVIEREN

DAFÜR BRAUCHST DU:

die eingefärbte Druckplatte
Gummiarabicum
Pinsel

löchtest du das Motiv auf deiner Platte zu einem späteren eitpunkt nochmal drucken, kannst du die Platte eine Zeit ing lagern. Dafür sollte die Platte an einem Ort aufbewahrt verden, der möglichst sauber und trocken ist. Damit verinderst du, dass die Stellen, die beim Drucken keine Farbe nnehmen sollen, verschmutzen und dann in späteren rucken sichtbar werden.

Im die empfindliche Alufolie zu schützen, kannst du auf eine eingefärbte Druckplatte eine Schicht Gummiarabicum uftragen. So wird deine Druckplatte robuster. Wie das jenau funktioniert, zeigen wir dir auf Seite 86 im Kapitel Und so geht's weiter ...«. Am besten machst du das noch or dem Druckvorgang. Im Laufe der Zeit wird es sich kaum ermeiden lassen, dass die Qualität deiner Druckplatte achlässt. Wenn du also saubere Druckergebnisse erreichen nöchtest, solltest du die Platte nicht zu lange lagern.

hnlich verhält es sich mit einer Platte, die bereits bemalt, ber noch nicht geätzt wurde. Lässt man sie ein paar Tage egen und ätzt sie erst dann, kann es passieren, dass sie icht mehr funktioniert. Deshalb raten wir dir, alle Schritte mmer direkt nacheinander auszuführen.

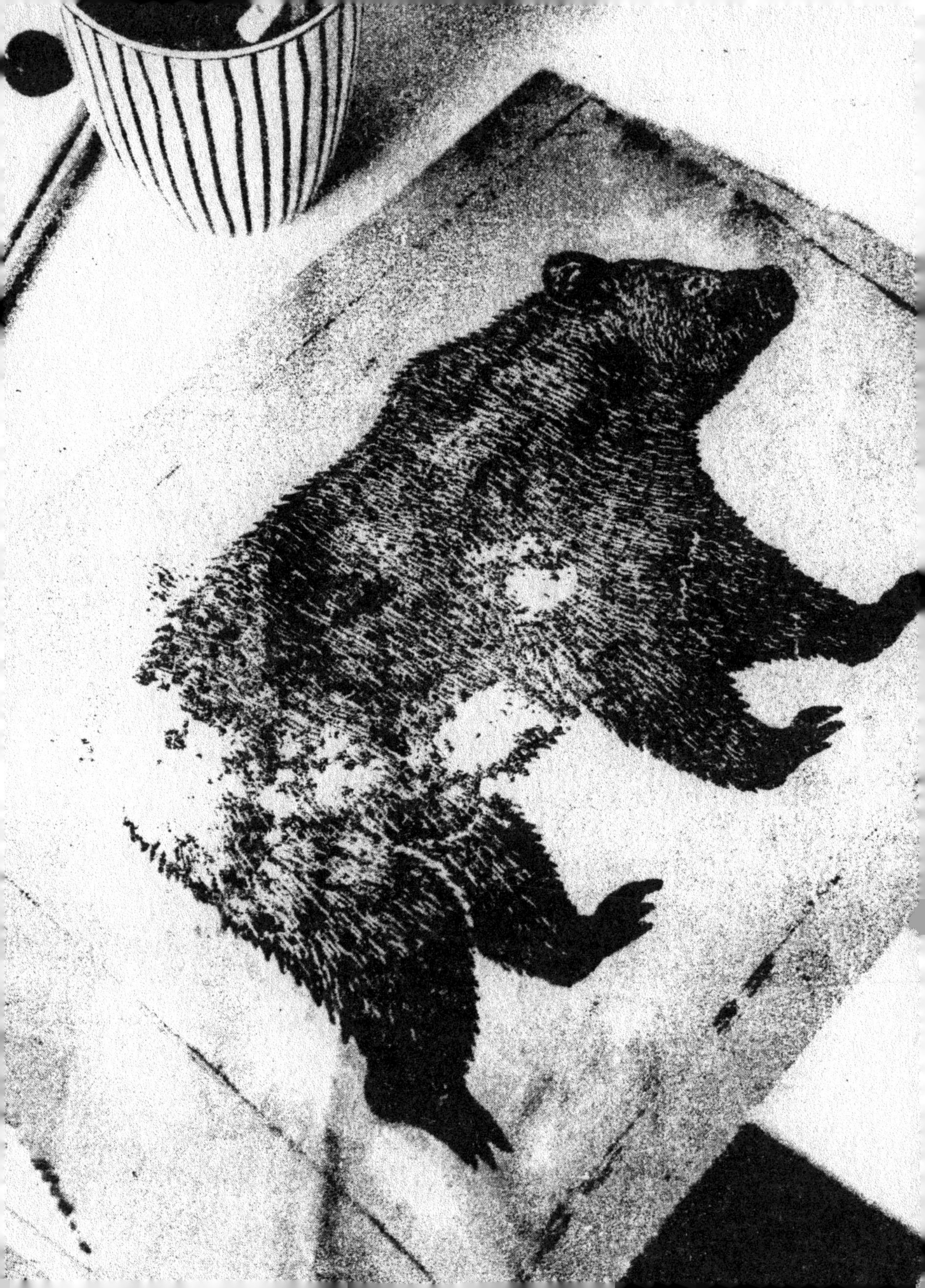

HAT'S NICHT GEKLAPPT?

DER RAUCH AUS DEM SCHORNSTEIN IST AUS BEWUSST GESETZTEN FINGERABDRÜCKEN ENTSTANDEN.

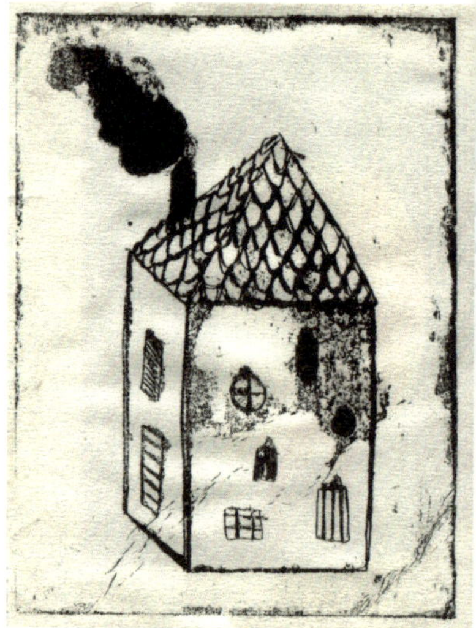

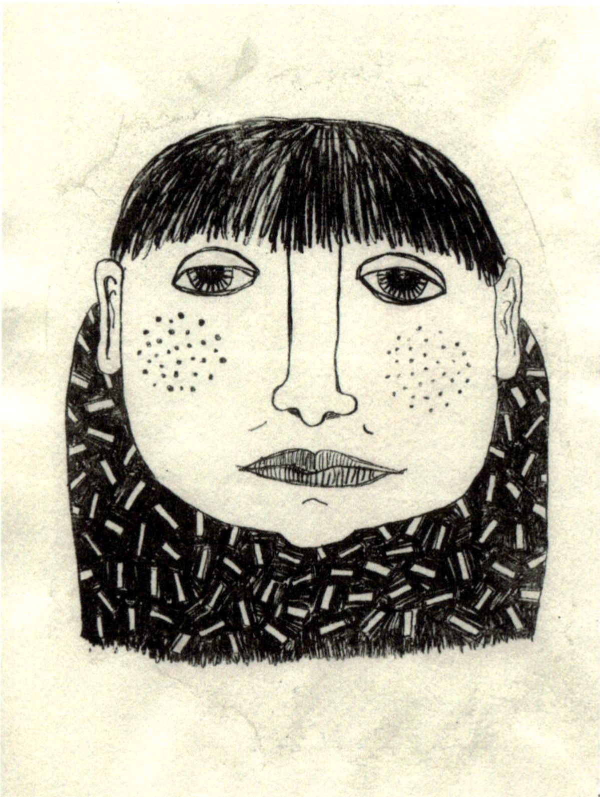

UNSAUBERES DRUCKBILD

Es kann immer mal passieren, dass Fingerabdrücke oder andere fetthaltige Flecken auf die Druckplatte gelangen. Diese siehst du dann später auch im Druck. Wir finden das sehr charmant und setzen diesen Effekt oft auch bewusst als Stilmittel ein. Wenn du aber ein klares und sauberes Druckbild möchtest, kannst du an diesen Stellen die Ölfarbe vor dem Drucken auch einfach wieder mit einem Wattestäbchen entfernen.

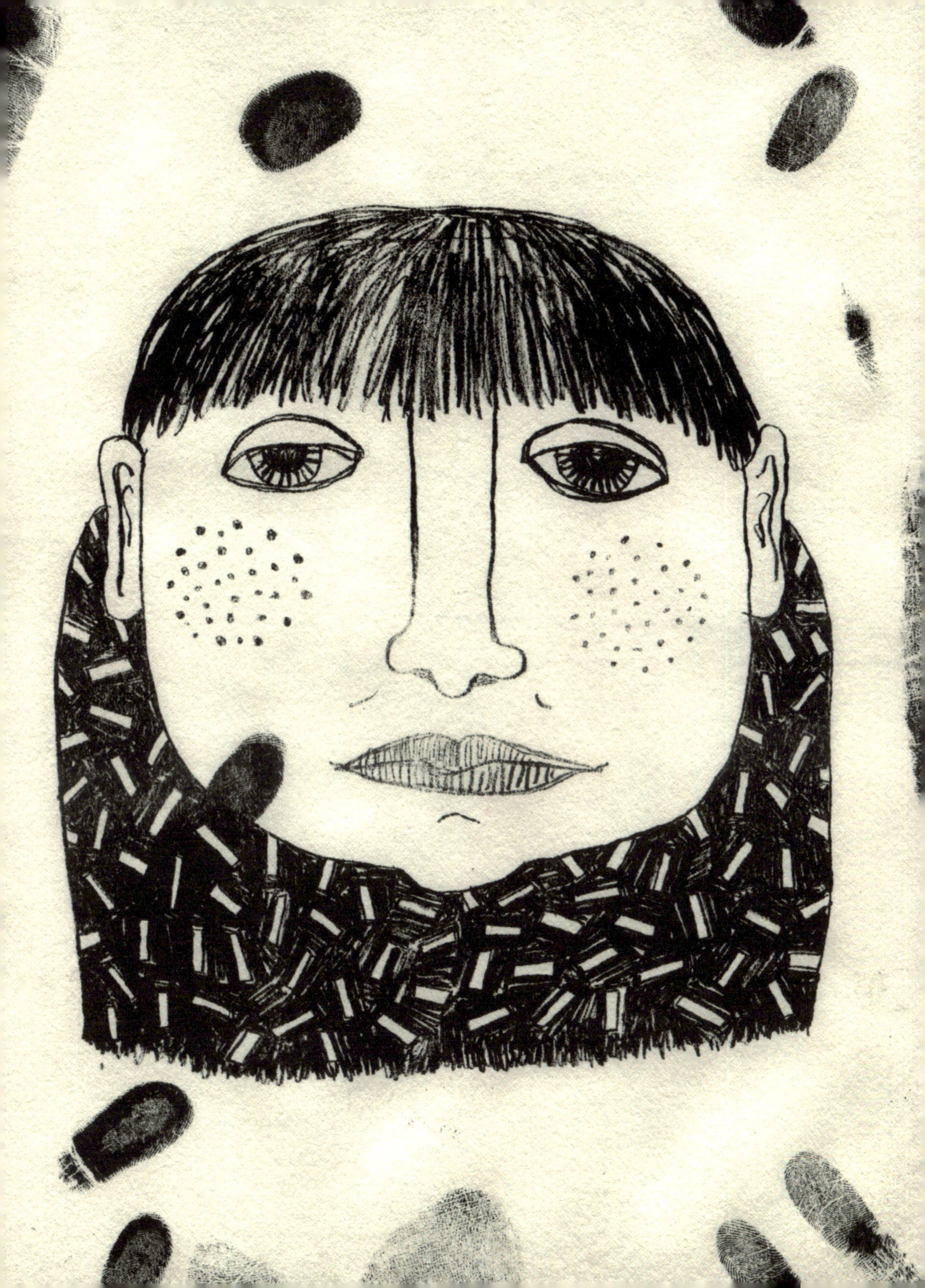

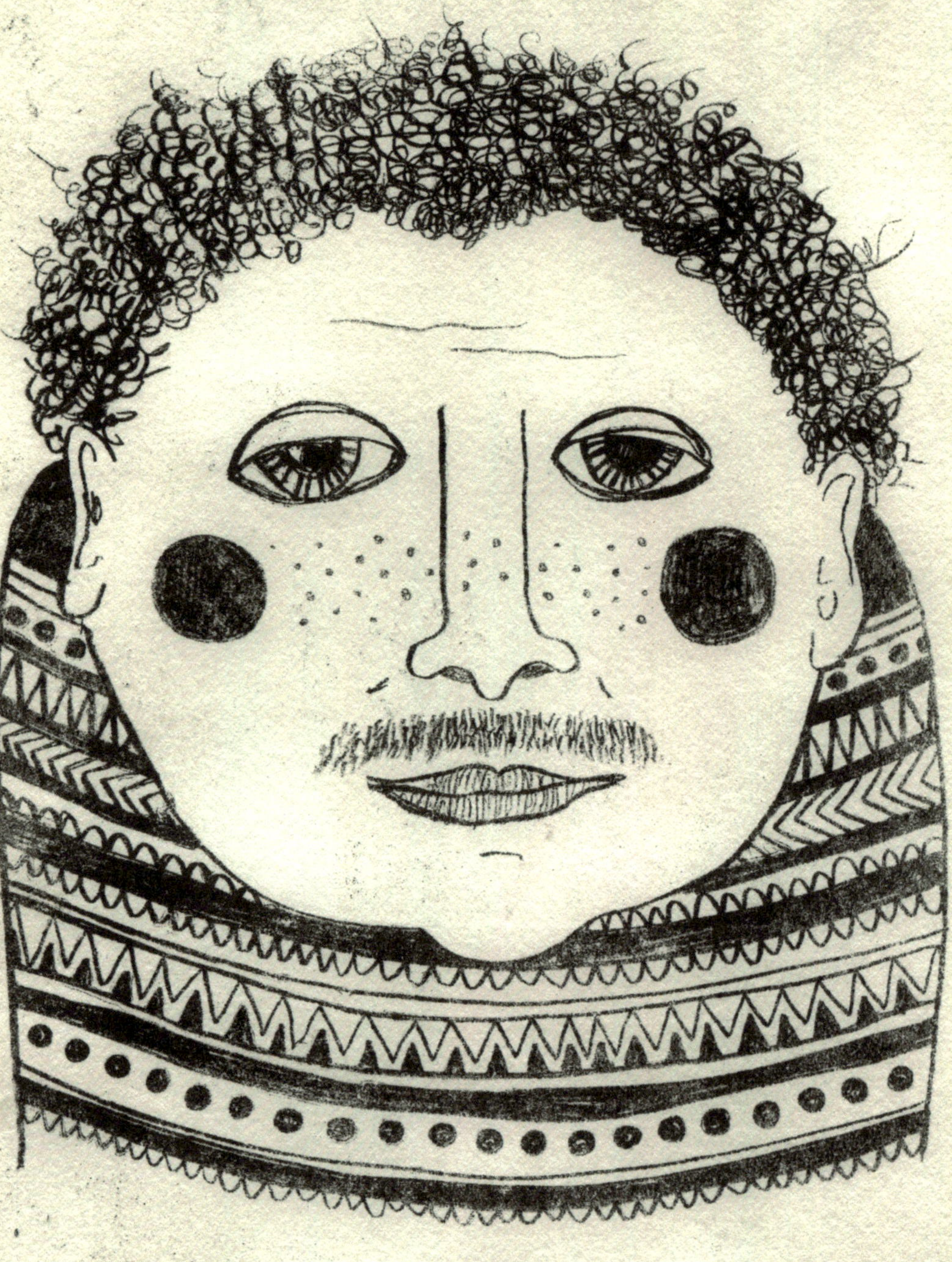

DER DRUCK IST ZU DUNKEL / ZU HELL

Ist der Druck zu dunkel, hast du wahrscheinlich zu viel Farbe aufgetragen. Trage vor dem nächsten Drucken einfach weniger Farbe auf. Wenn der Druck dann immer noch zu dunkel ist, kannst du die Farbe einfach mit einem nassen Schwamm wegreiben und mit dem Einfärben von Neuem beginnen. Spiele auch ein bisschen mit dem Druck, den du auf das Papier ausübst. Den Dreh hast du dann schnell raus.

Wenn der Druck zu hell ist, hast du möglicherweise die Platte nicht ausreichend eingefärbt oder nicht genug Druck auf das Papier ausgeübt.

Es kann auch sein, dass die Druckplatte zu lange mit der Cola in Berührung gekommen ist oder die Zeichnung zu leicht aufgetragen wurde. Dann ist es ratsam, einfach nochmal von vorne zu starten.

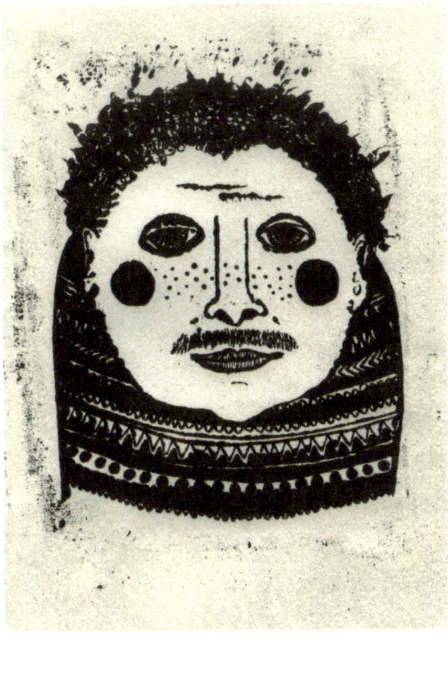

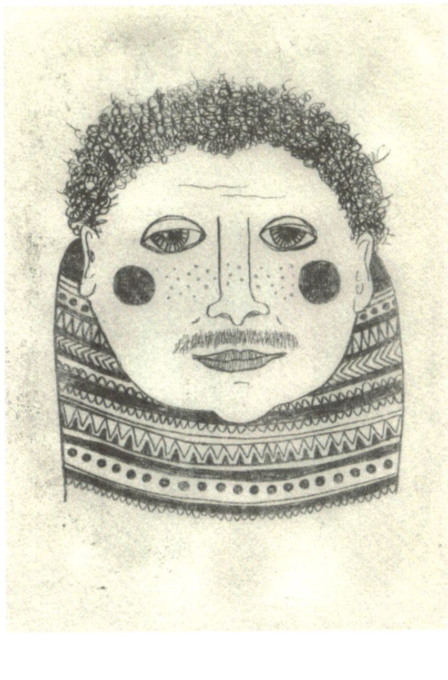

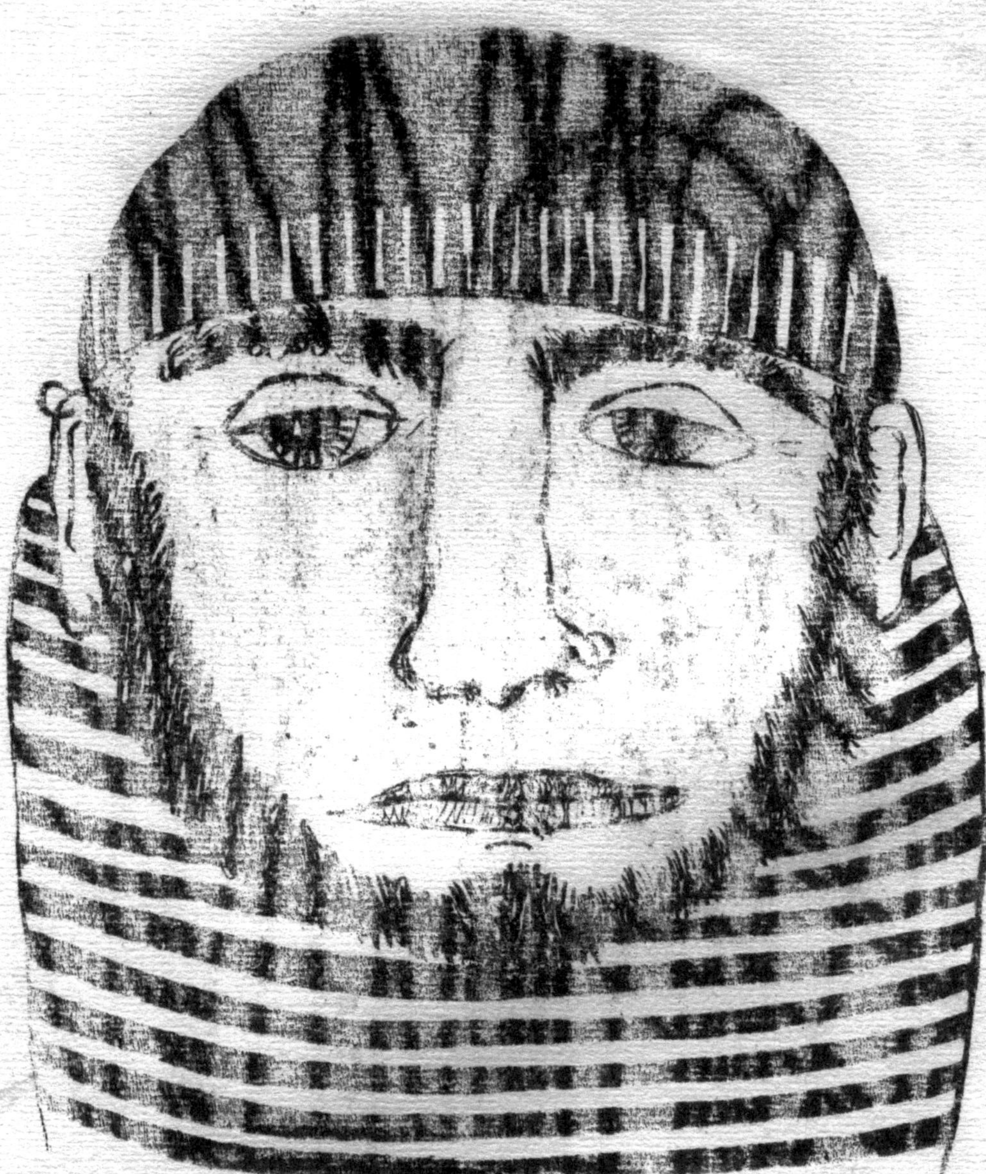

SPUREN VOM LÖFFEL

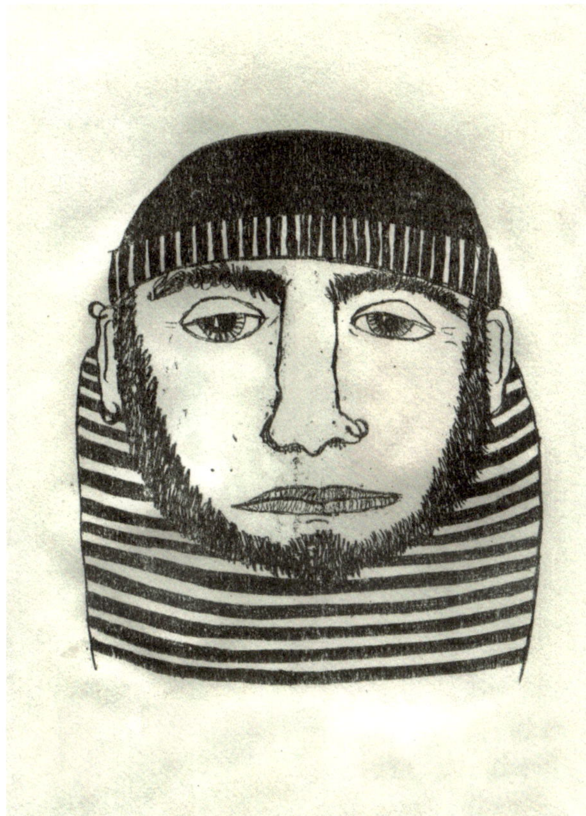

Wenn du beim Drucken einen Löffel zu Hilfe nimmst, achte darauf, dass du an allen Stellen gleichmäßigen Druck ausübst. Eine gute Alternative ist aber auch eine Linolwalze oder einfach der Druck mit deinem Handballen.

Du kannst ungleichmäßigen Druck aber auch ganz bewusst als Stilmittel einsetzen und durch den unregelmäßig starken Druck besondere Muster erzeugen.

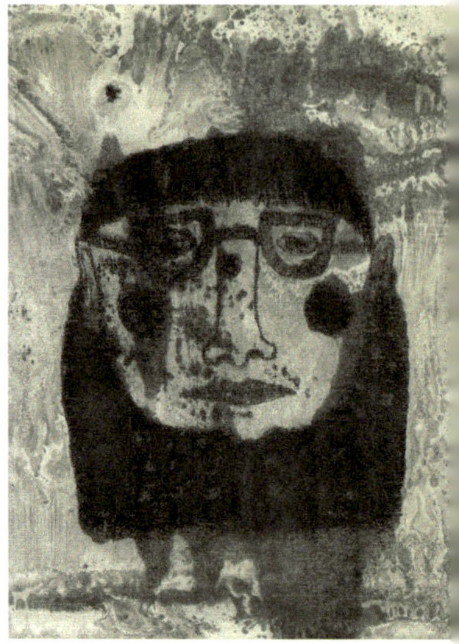

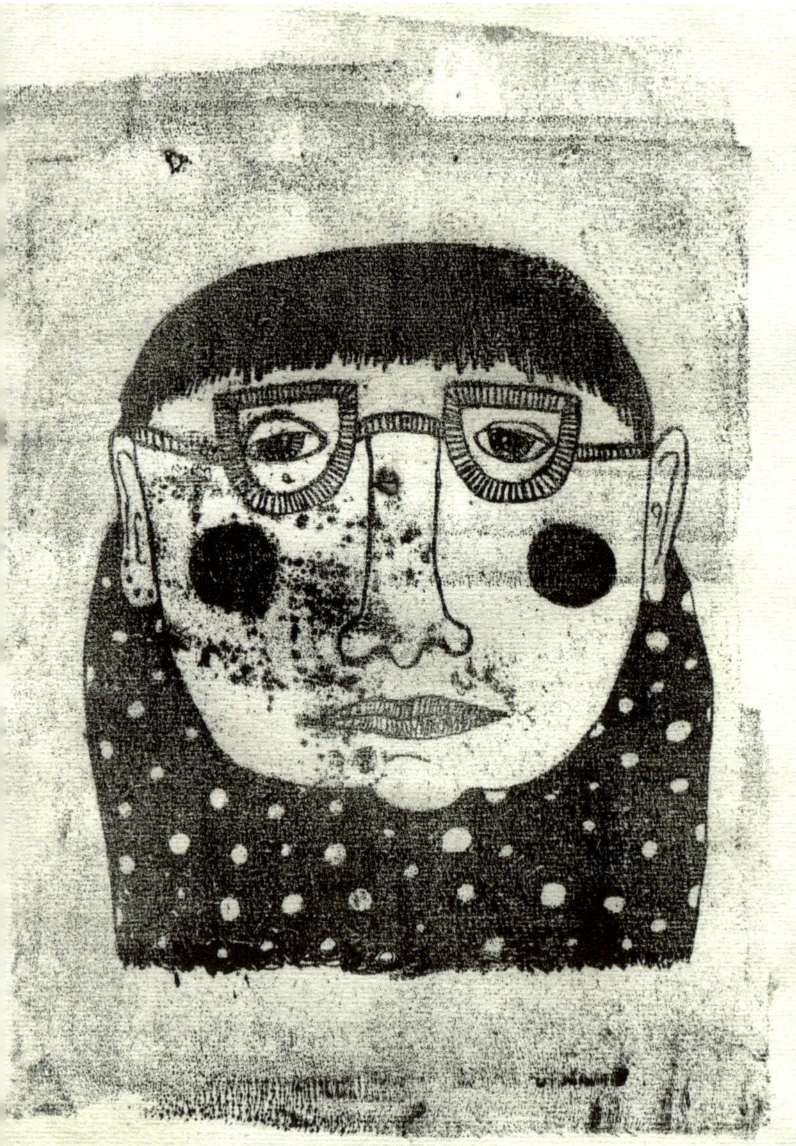

DIE GEÄTZTE FLÄCHE NIMMT FARBE AN

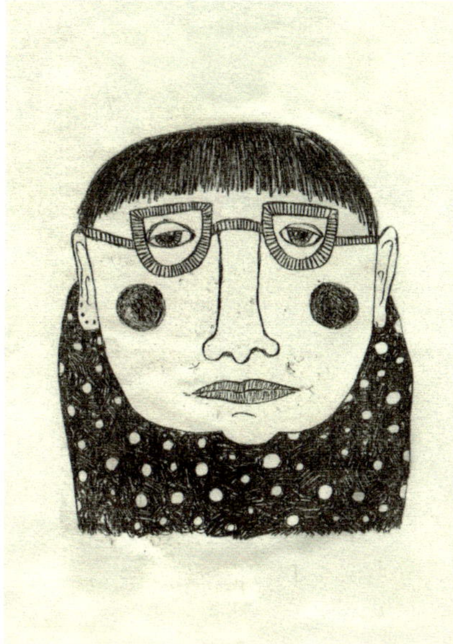

Wenn die Druckplatte an Stellen Farbe annimmt, wo keine Zeichnung ist, dann achte darauf, dass der Wasserfilm vor dem Einfärben alle Stellen der Platte ausreichend bedeckt.

Es kann auch passieren, dass die Ölfarbe im Wasserfilm Schlieren zieht. Dann hast du das Pflanzenöl nicht gründlich genug entfernt. Wische Farbe und Wasser einfach nochmal mit einem feuchten Schwamm weg. Benetze dann die Platte wieder mit Wasser und färbe sie erneut ein.

Wenn du diesen Effekt aber gerne magst und bewusst einsetzen willst, weißt du ja, was du »falsch« machen musst.

Wenn du aber weder Ölreste auf der Druckplatte siehst noch den Wasserfilm vergessen hast, kannst du versuchen, die ungewollten farbigen Stellen mit einem nassen Schwamm abzureiben. Mit ein bisschen Glück nehmen diese Stellen beim nächsten Einfärben keine Farbe mehr an.

Wenn du schon einige Drucke gemacht hast und die Druckplatte langsam unsauber wird, kannst du auch einfach mal den Aufsatz der Lackierrolle wechseln. Manchmal wirkt das Wunder.

WAS WIR IN DEN WARMEN SOMMERTAGEN BEIM BEENDEN DIESES BUCHS GELERNT HABEN:

Wir hatten drei Tage, an denen einfach nichts funktionierte. Ständig hatten wir beim Einfärben Muster auf der geätzten Fläche. Wir haben jeden einzelnen Schritt auseinandergenommen, alles anders gemacht und sogar neue Materialien besorgt. Schlussendlich kamen wir drauf, dass es am heißen Wetter liegen könnte. Also packten wir die Alufolie für ein paar Stunden ins Gefrierfach. Nachts um halb drei am dritten verflixten Tag bereiteten wir die Druckplatte mit Alufolie aus dem Gefrierfach vor, und die Druckplatte funktionierte einwandfrei!

RISSE UND LÖCHER IN DER ALUFOLIE

Es kann immer mal passieren, dass beim Zeichnen die Alufolie ein wenig einreißt. Meistens ist die Glasplatte dann nicht richtig sauber, der Stift bleibt an Unebenheiten unter der Alufolie hängen und reißt sie an dieser Stelle auf.

Das ist aber nicht schlimm. Du brauchst deshalb nicht gleich von vorne anzufangen. Mach deine Druckplatte ruhig fertig. Sei aber vorsichtig an der beschädigten Stelle.

Nach dem Einfärben kannst du mit einem Wattestäbchen die Farbe an der eingerissenen Stelle entfernen.

Wenn der Riss jedoch ein wichtiges Detail der Zeichnung zerstört, wie zum Beispiel das Auge eines Portraits, bleibt nichts anderes übrig, als nochmal von vorne zu beginnen.

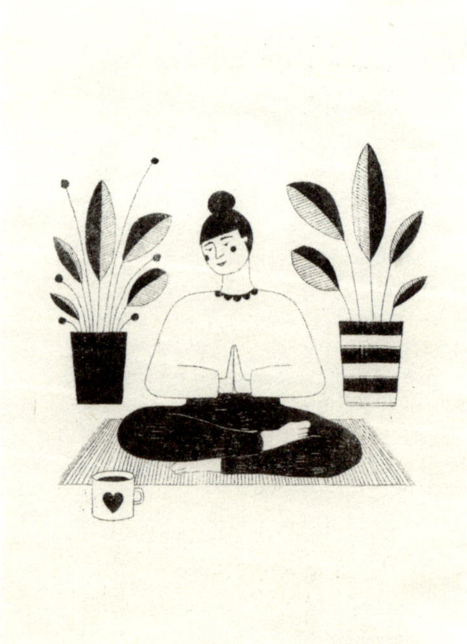

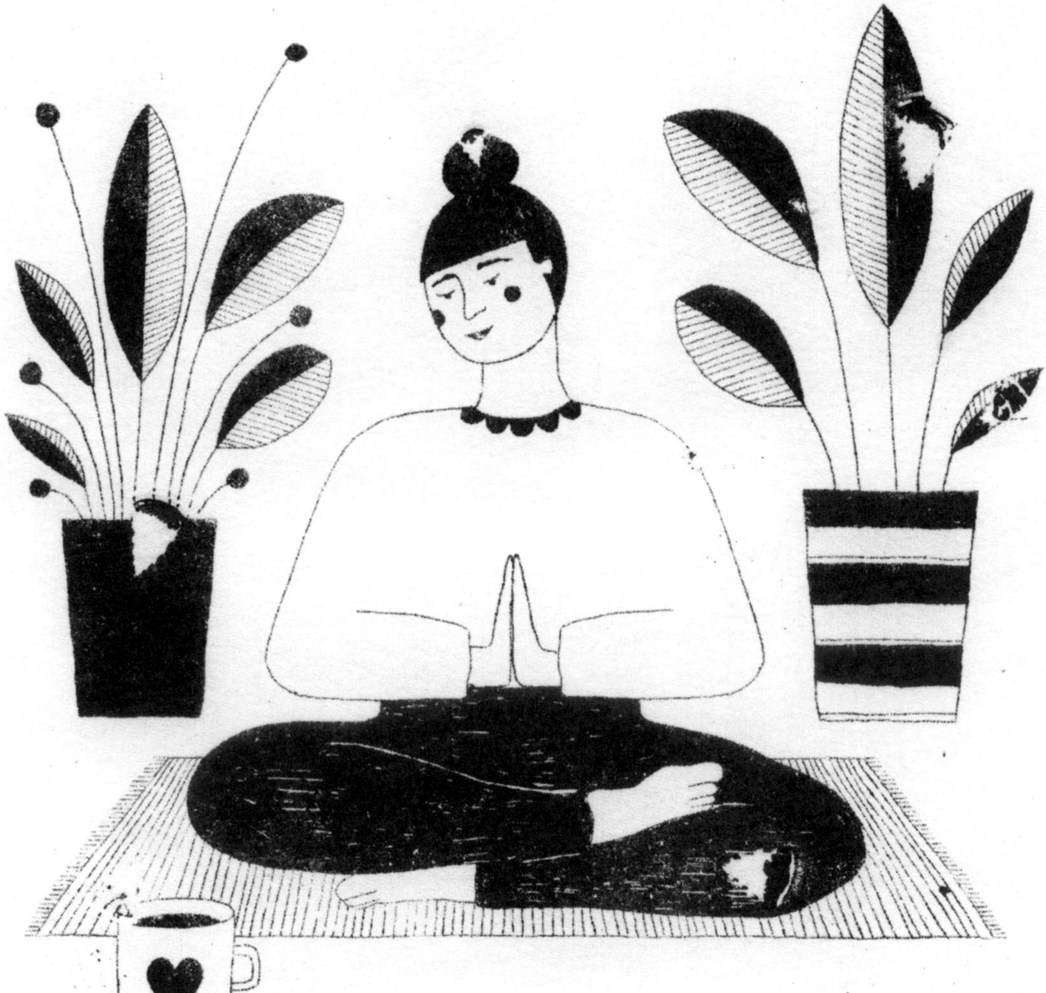

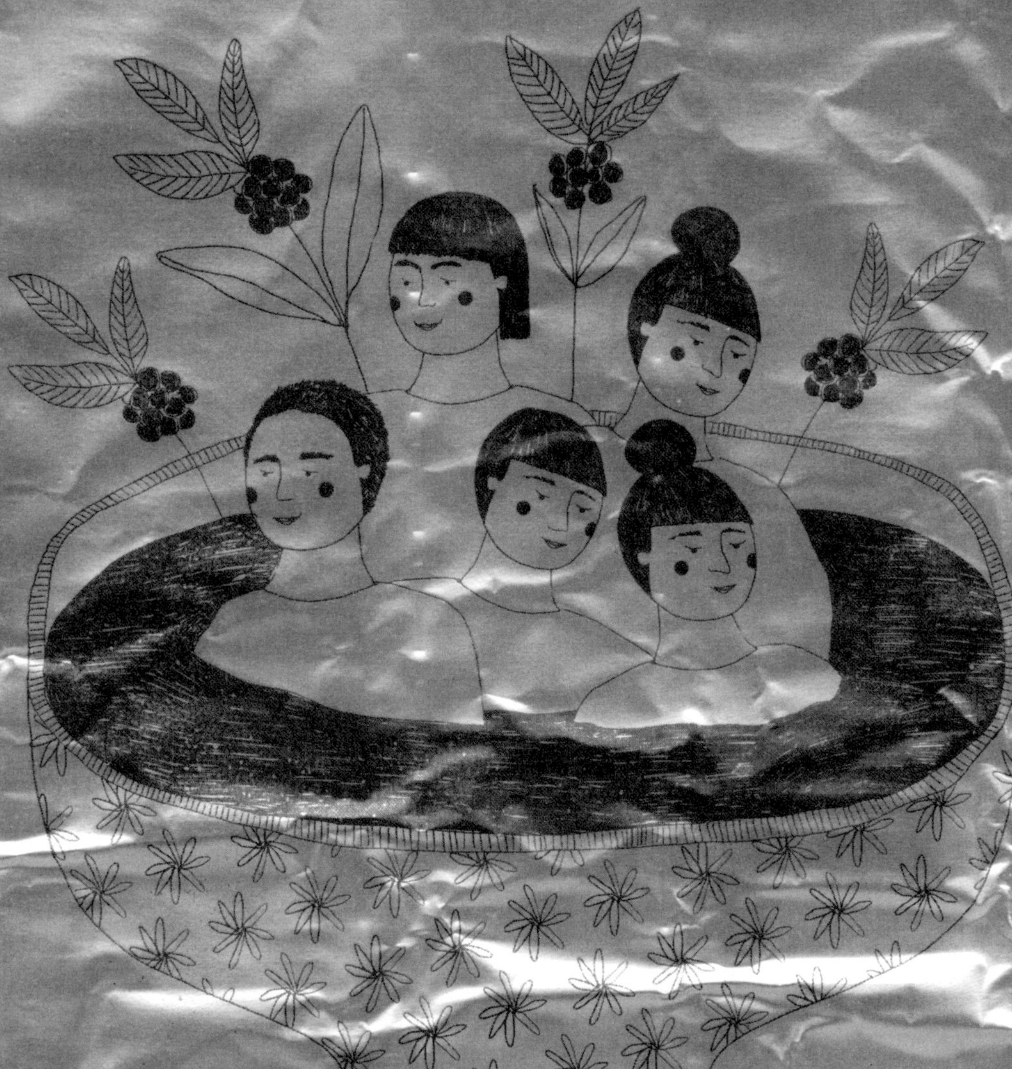

DIE ALUFOLIE KNITTERT IM LASERDRUCKER

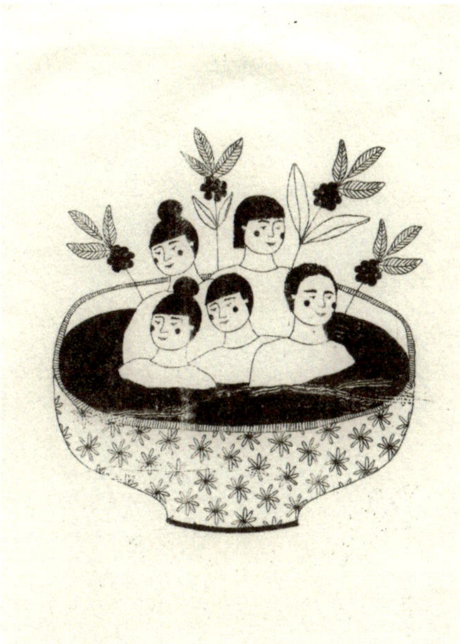

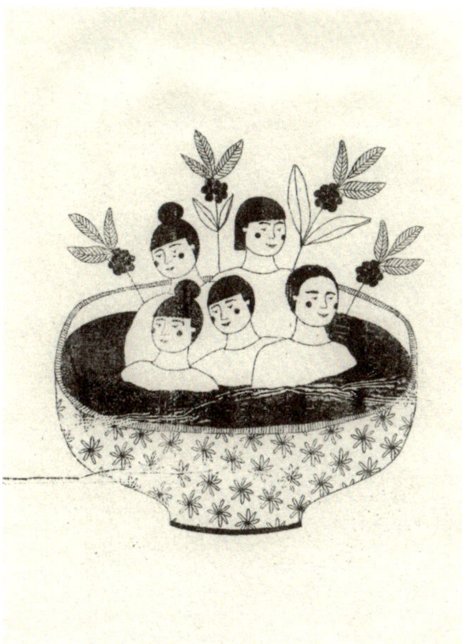

Bei dem Bedrucken mit dem Laserdrucker, entstehen oftmals Wellen und Falten in der Alufolie. Das passiert, da die Alufolie mehreren Richtungswechseln innerhalb des Druckers ausgesetzt ist. Lass die bedruckte Alufolie einfach wie sie ist. Du kannst die Druckplatte trotzdem verwenden und mit dem Ätzen weitermachen.

Wenn du die Platte einfärbst, musst du bedenken, dass die Druckplatte oft auch auf den Wellen/Falten etwas Farbe annimmt. Diese kannst du mit einem feuchten Schwamm oder einem Wattestäbchen vor dem Drucken entfernen. Jetzt legst du das erste Papier auf die Druckplatte und rollst anschließend mit der Linolwalze und ausreichend Druck darüber. Mit ein bisschen Glück, bekommst du so eine komplett glatte Druckplatte. Sollten ein paar Falten übrig bleiben, entfernst du vor jedem weiteren Druck die Farbe an den Falten. Vielleicht entstehen dadurch aber auch Strukturen, die deinem Motiv noch mehr Charme verleihen.

Du kannst auch schauen, ob dein Drucker die Möglichkeit für den Druck mit geradem Papierweg hat. Einige Drucker haben diese Funktion, um Materialien zu bedrucken, die nicht stark gebogen werden sollen. Bei unserem Drucker führen wir dazu die präparierte Alufolie auf der Vorderseite in den manuellen Papiereinzug ein und öffnen auf der Rückseite eine Klappe, aus der sie nach dem Drucken rauskommt. Mit dieser Methode bekommst du eine deutlich faltenfreiere Alufolie.

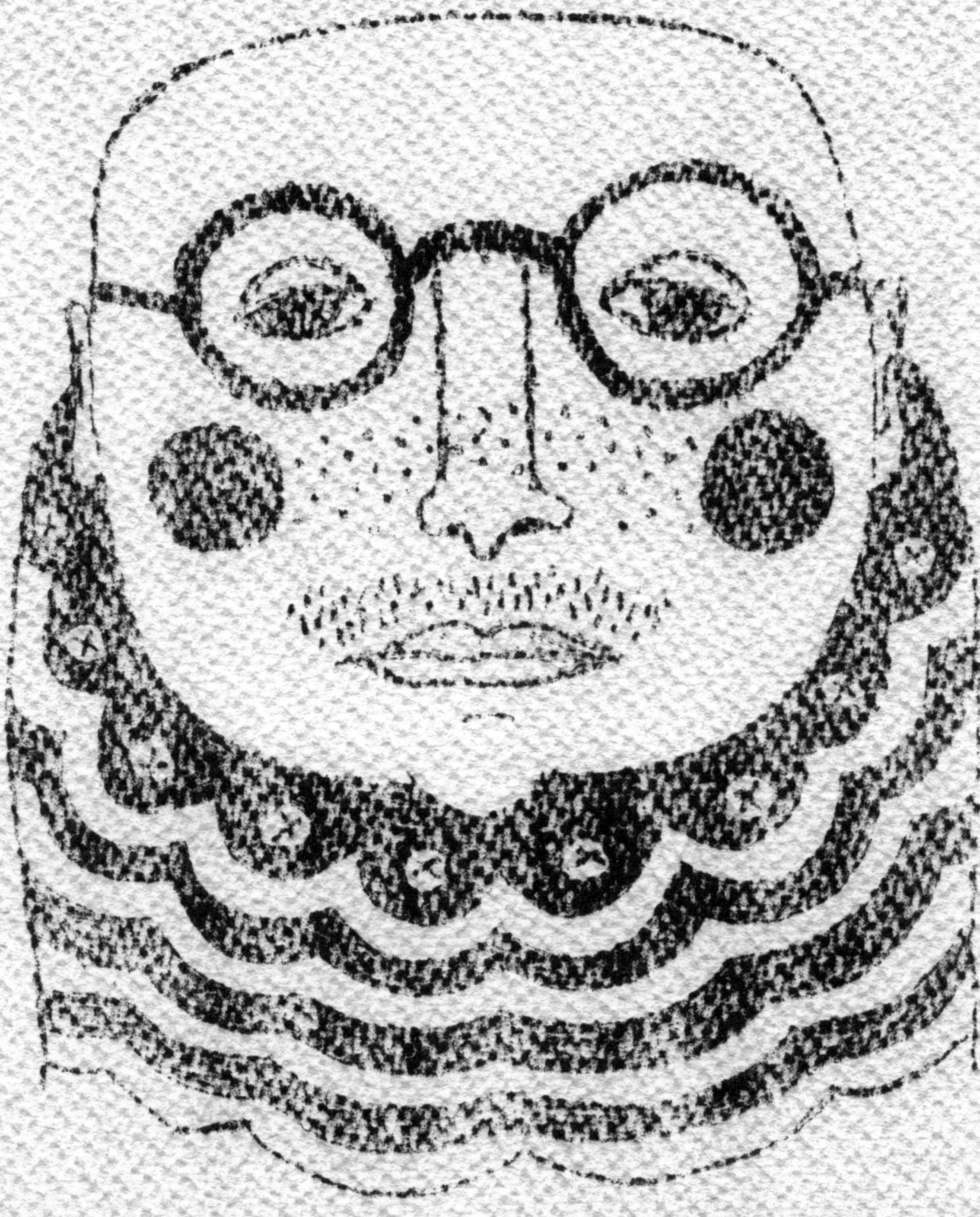

GEEIGNETES UND UNGEEIGNETES PAPIER

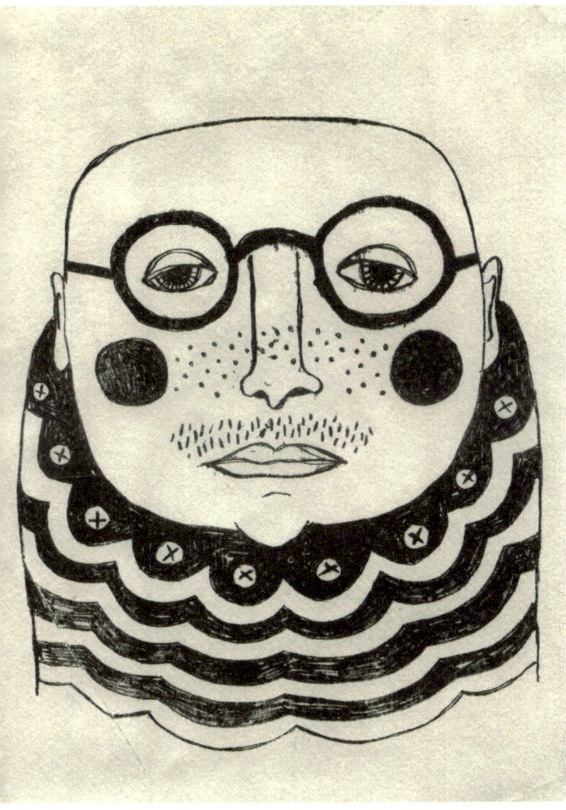

Grundsätzlich kannst du auf alle Papiere drucken. Je nachdem, für welches Papier du dich entscheidest, solltest du ein paar Dinge beachten.

Möchtest du auf ein sehr dünnes Papier drucken (zum Beispiel Seidenpapier), kannst du nach dem Einfärben den Wasserfilm auf der Druckplatte mit Küchenpapier entfernen. Sei nach dem Druckvorgang beim Ablösen des Papiers von der Druckplatte besonders vorsichtig. Das Papier wird sich mit dem Wasser von der Druckplatte vollgesaugt haben und kann jetzt schnell reißen. Auch wird sich dünnes Papier beim Trocknen stärker wellen.

Bei dickem Papier oder auch Pappe brauchst du beim Drucken mehr Druck, um einen satten Farbauftrag zu erhalten. Verwendest du zu wenig Druck, wird dein Druckergebnis vermutlich ziemlich hell erscheinen. Wenn du eine Glasplatte unter der Alufolie benutzt, steigere den Druck lieber nur leicht, da bei zu viel Druck die Glasplatte brechen kann.

Papier mit starker Struktur, wie zum Beispiel handgeschöpftes Papier, kann durch die Unebenheiten ein unbefriedigendes Druckbild ergeben. Die Farbe erreicht nicht alle Stellen gleichmäßig. Mit einem satteren Farbauftrag und mehr Druck auf das Papier kannst du versuchen, diesen Effekt zu reduzieren.

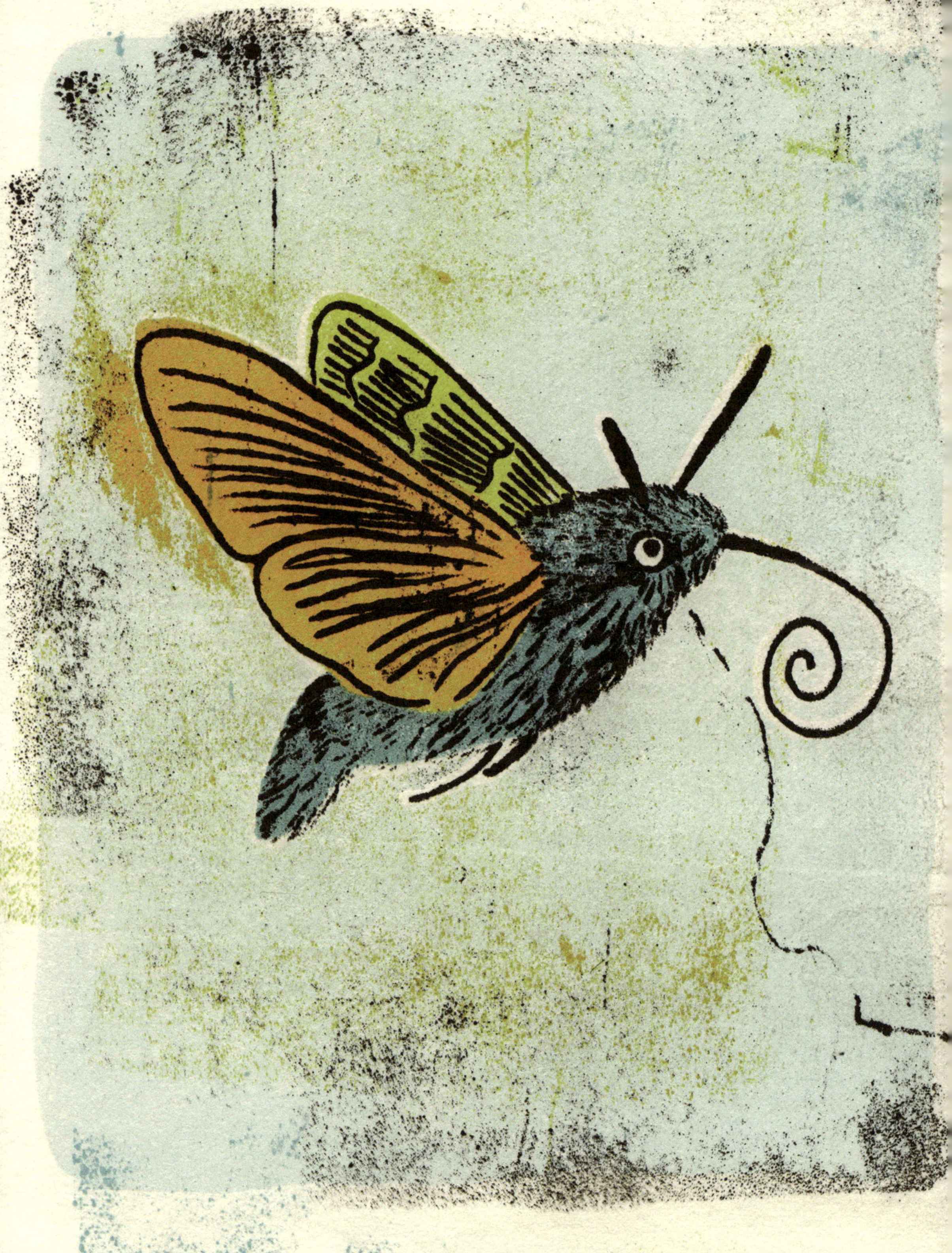

UNSAUBERES DRUCKBILD BEI MEHRFARBIGEN DRUCKEN

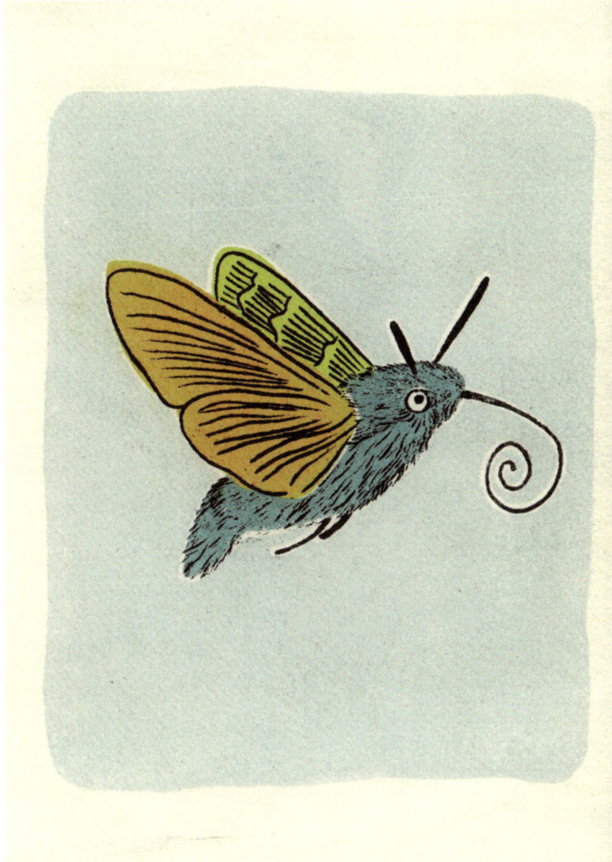

Wenn es bei einem mehrfarbigen Druck mit mehreren Druckplatten zu einem unsauberen Druckbild kommt, liegt das wahrscheinlich daran, dass ab dem Drucken der zweiten Druckplatte Reste der Ölfarbe des ersten Druckvorgangs vom Papier an der Alufolie haften geblieben sind, und die Platte beim nächsten Einfärben auch an diesen Stellen Farbe annimmt.

Du kannst versuchen, diese Stellen nach jedem Einfärben mit einem nassen Schwamm abzureiben. Wenn das nicht hilft, lass den Drucken zwischen den Druckvorgängen mit den einzelnen Druckplatten genug Zeit zum Trocknen.

Wenn man die Platten mit Gummiarabicum überzieht, kann man mit einem nassen Schwamm nach dem Einfärben die nichtdruckenden Stellen wieder ordentlich säubern. Im Kapitel »Und so geht's weiter ...« auf Seite 86 erklären wir dir, wie man das Gummiarabicum aufträgt.

Durch das Wasser, das sich beim Drucken auf der Platte befindet, kann dein Papier wellig werden. Das erschwert es natürlich beim zweiten Druckvorgang, das Papier passergenau auf die Druckplatte zu bringen. Du kannst das Papier entweder trocknen lassen und es dann glatt pressen oder du entfernst nach jedem Einfärben den Wasserfilm von der Druckplatte.

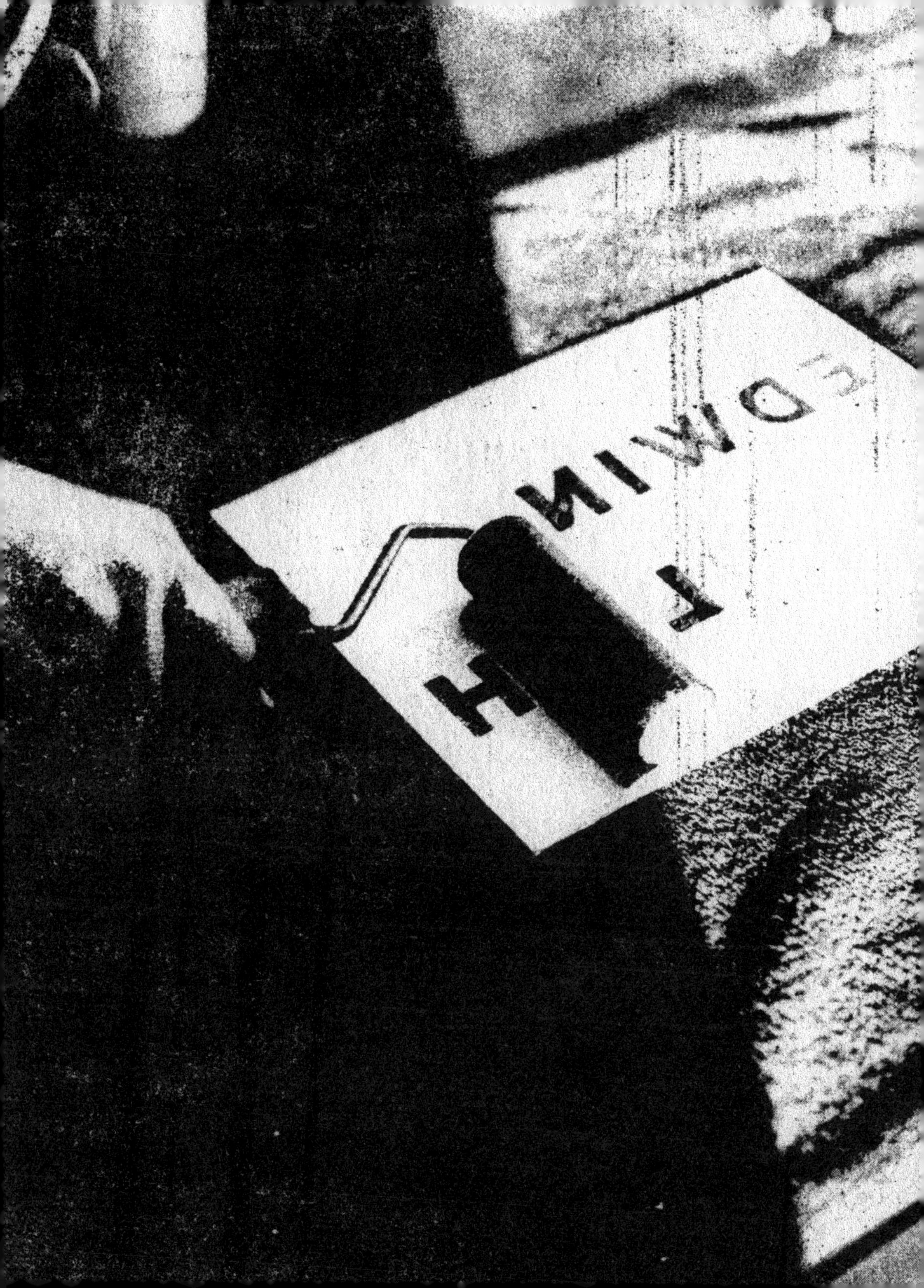

UND SO GEHT'S WEITER …

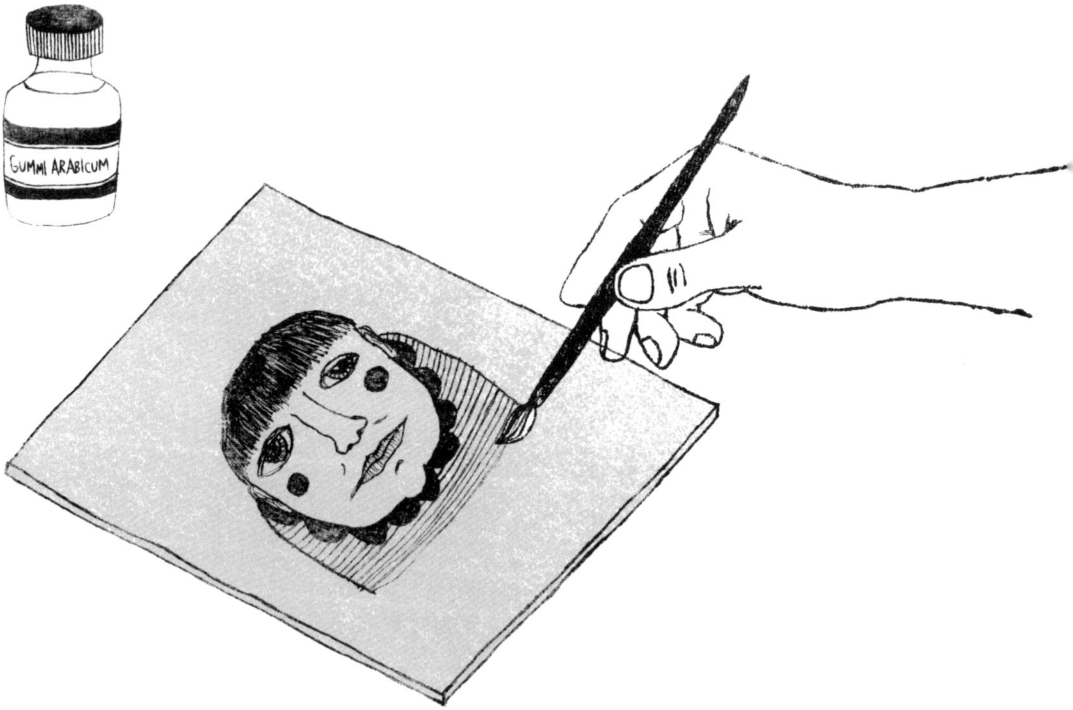
GUMMI ARABICUM

GUMMI-ARABICUM

Diese Methode ist nicht nötig, um gute Druckergebnisse zu erzielen. Bei uns war sie aber eine gute Starthilfe, um perfekte Drucke zu erhalten. Mit diesem Schritt haben wir unsere ersten Druckplatten erzeugt, die schöne, saubere Druckergebnisse gebracht haben.

Gummiarabicum macht deine Druckplatte widerstandsfähiger. Die Alufolie bekommt eine Schutzschicht und wird dadurch robuster. So kannst du ohne Probleme größere Auflagen drucken.

Es ist ganz einfach: Bereite deine Druckplatte so weit vor, dass sie eingefärbt ist. Anschließend gibst du einen Teelöffel Gummiarabicum auf die Druckplatte und verteilst es mit einem Pinsel über die komplette Fläche, auch über die Zeichnung. Du kannst nun sehen, wie das Gummiarabicum alle Stellen bedeckt, die später nicht gedruckt werden. Die Stellen, die gedruckt werden, stoßen das Gummiarabicum ab.

Jetzt muss die Platte trocknen. In der Regel dauert die Trocknung des Gummiarabicums einige Stunden. Ist die Schutzschicht vollständig getrocknet, kannst du mit dem Drucken beginnen.

TIPP

Gummiarabicum wird aus der Rinde der Seyal-Akazie gewonnen. In der Malerei wird es als Bindemittel von Farbpigmenten verwendet. Im flüssigen Zustand wird es von der Ölfarbe abgestoßen, und es wird fest, wenn es trocknet. Gummiarabicum findest du in gut sortierten Läden für Künstlerbedarf.

Den Trocknungsprozess des Gummiarabicums kannst du beschleunigen, indem du einen Föhn zu Hilfe nimmst. Auf einer kalten Stufe kannst du die Druckplatte relativ schnell trocken föhnen.

Wenn du dir nicht sicher bist, ob das Gummiarabicum schon vollständig getrocknet ist, kannst du am Rand einfach mal leicht mit deinem Finger drauftippen. Wenn ein Fingerabduck im Gummiarabicum zurückbleibt, solltest du noch ein bisschen warten.

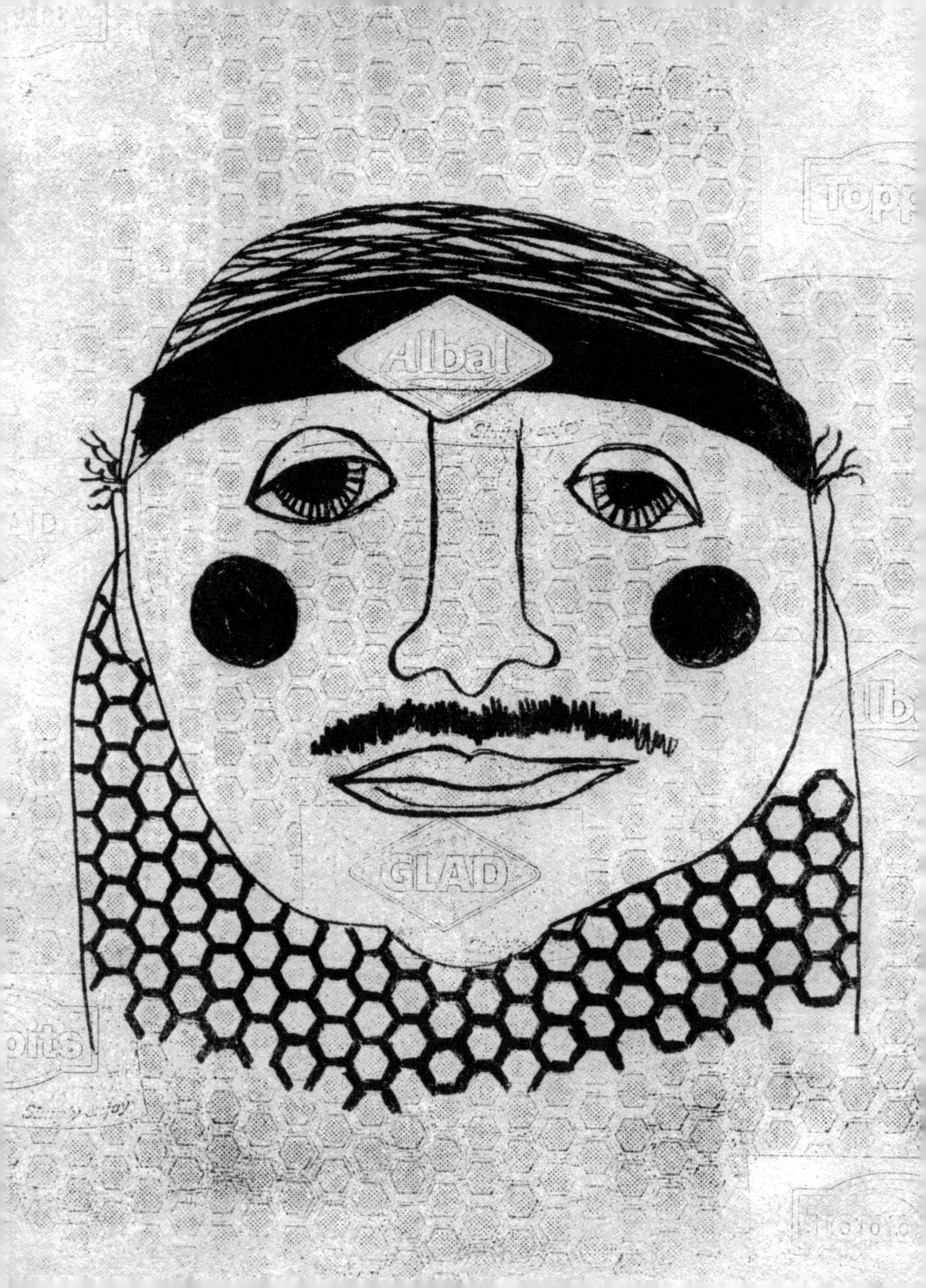
Albal
GLAD

ALUFOLIE MIT STRUKTUR

In den Supermärkten gibt es immer häufiger Alufolie mit einer Wabenstruktur. Diese Alufolie soll reißfester sein. In unseren Versuchen hat sich gezeigt, dass auch diese Alufolie zum Erstellen einer Druckplatte genutzt werden kann.

Die Struktur der Alufolie wird dann im Druck sichtbar, da die Ölfarbe an den erhabenen Stellen der Struktur anhaftet.

TIPP

Du kannst die Wabenstruktur auch bewusst in deine Zeichnung integrieren. Wir haben sie zum Beispiel im Muster des Pullis wieder aufgegriffen.

DURCHPAUSEN

Wenn du lieber auf Nummer sicher gehen und nicht freihand auf deine Platte zeichnen möchtest, hast du zwei Möglichkeiten, eine Vorlage auf deine vorbereitete Druckplatte durchzupausen.

DURCHSCHREIBEPAPIER

Die erste Möglichkeit, die wir dir gerne vorstellen möchten, ist die Arbeit mit Durchschreibepapier. Hierfür bereitest du dir einfach eine Zeichnung auf Papier vor. Denk daran, dass sie spiegelverkehrt sein muss.

Dann kann es auch schon losgehen: Du nimmst dir deine vorbereitete Platte, legst zuerst das Durchschreibepapier und dann deine Zeichnung darauf. Mit einem harten, spitzen Bleistift fährst du dann mit leichtem Druck die Linien deiner Zeichnung nach. Anschließend fährst du das Abgepauste auf deiner Druckplatte mit einem fetthaltigen Stift nach.

TRANSPARENTPAPIER

Für die zweite Möglichkeit des Durchpausens nutzt du Transparentpapier. Du bereitest deine Zeichnung auf dem Transparentpapier vor und legst es dann auf die vorbereitete Druckplatte. Zum Durchpausen nimmst du einfach einen harten Bleistift oder Kugelschreiber. Dann fährst du mit leichtem Druck die Linien deiner Vorlage nach. Dadurch entstehen leichte Abdrücke deiner Zeichnung auf der Aluplatte, die du dann einfach mit einem fetthaltigen Stift nachfahren kannst.

Diese Technik eigenet sich besonders gut, wenn du einen mehrfarbigen Druck mit mehreren Druckplatten machen möchtest. So kannst du jede geplante Druckplatte auf ein Transparentpapier zeichnen, die Blätter übereinander legen und so schon während des Zeichnens sicherstellen, dass alles passgenau sitzt.

TIPP

Durchschreibepapier hat meistens eine Wachsschicht, die sich beim Durchpausen direkt auf die Druckplatte überträgt. So kannst du nach dem Durchpausen auch direkt zu dem Schritt mit der Cola übergehen. Das ist vor allem gut, wenn du sehr feine Linien drucken möchtest. Überprüfe vorher, dass die durchgepausten Linien schön satt und durchgängig übertragen sind.

Wenn du mit Transparentpapier arbeitest, kannst du dir das spiegelverkehrte Zeichnen sparen. Lege einfach die Seite mit der Zeichnung nach unten auf die Druckplatte und pause sie dann von hinten durch.

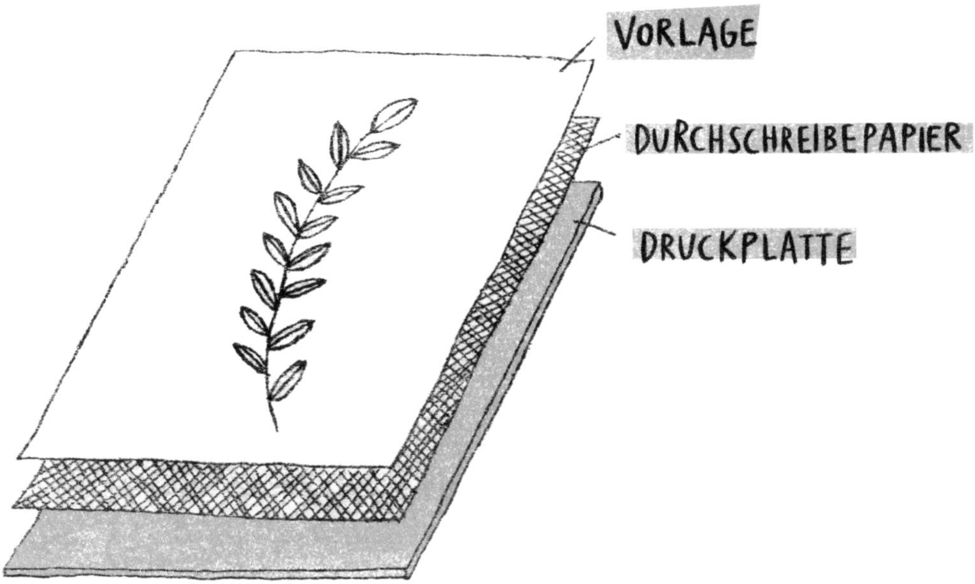
VORLAGE
DURCHSCHREIBEPAPIER
DRUCKPLATTE

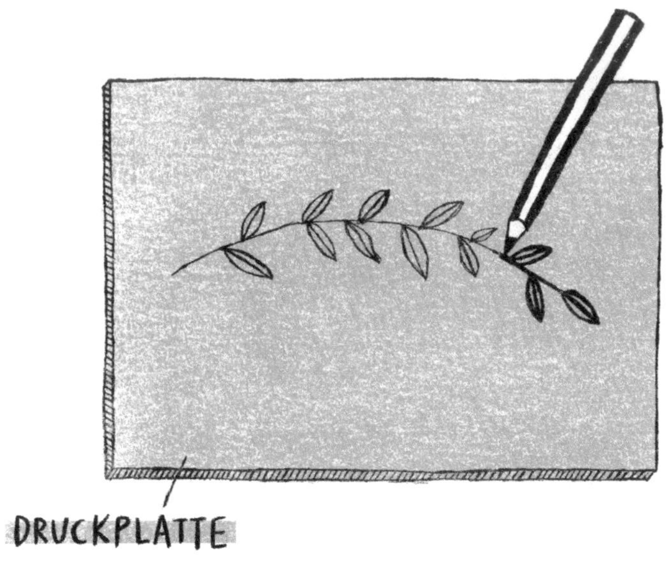
DRUCKPLATTE

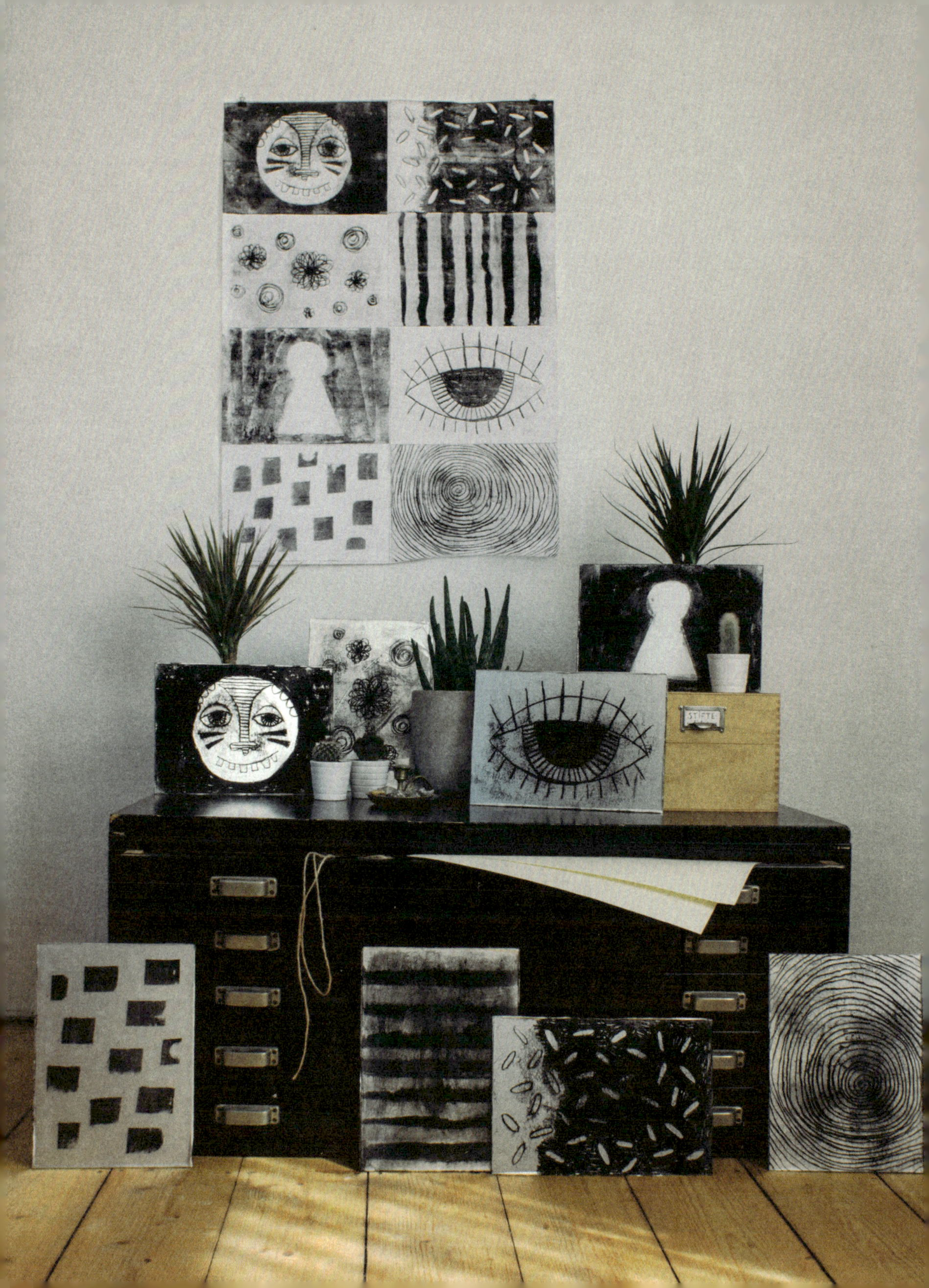
STIFTE

GROSSE FORMATE

Auch wenn eine Rolle Alufolie nur eine bestimmte Breite hat, kannst du trotzdem größere Formate bedrucken. Wir möchten dir hier drei Methoden vorstellen.

MEHRERE DRUCKPLATTEN AUF EINEM FORMAT

Möchtest du beispielsweise ein A1-Poster drucken, kannst du acht A4-Druckplatten herstellen und diese dann der Reihe nach auf dein Blatt drucken. Sinnvoll ist es hierbei, zu zweit zu arbeiten. Gerade beim Ausrichten des Papiers auf der Druckplatte sind zwei weitere helfende Hände eine große Erleichterung. Mit dieser Methode ist es jedoch schwierig, ein einzelnes Motiv groß zu drucken.

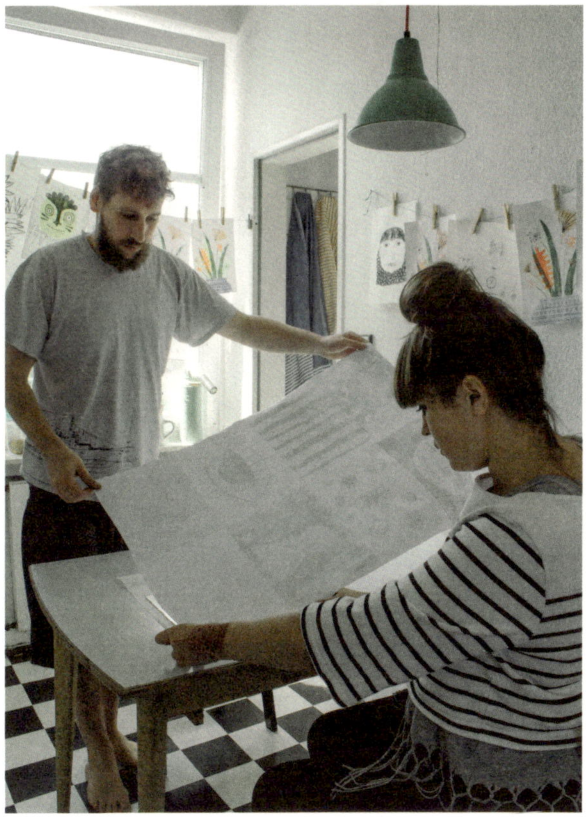

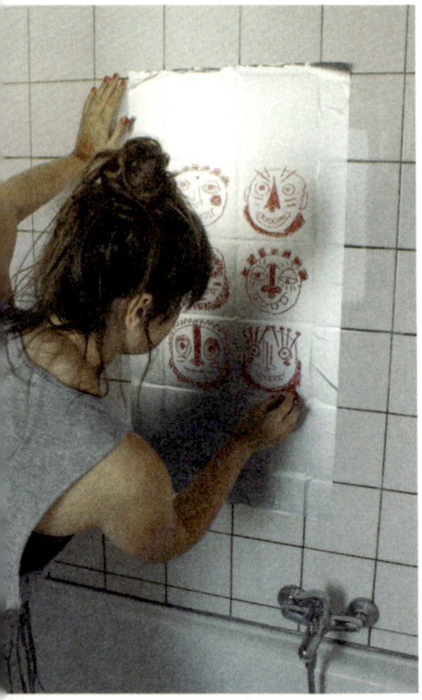

1. ALUFOLIE BEMALEN

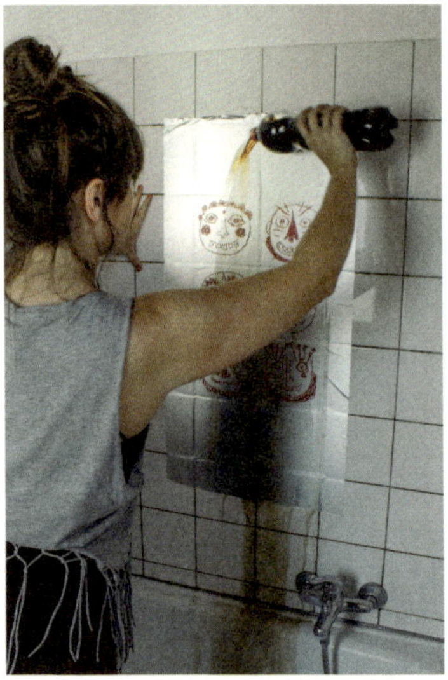

2. ÄTZEN

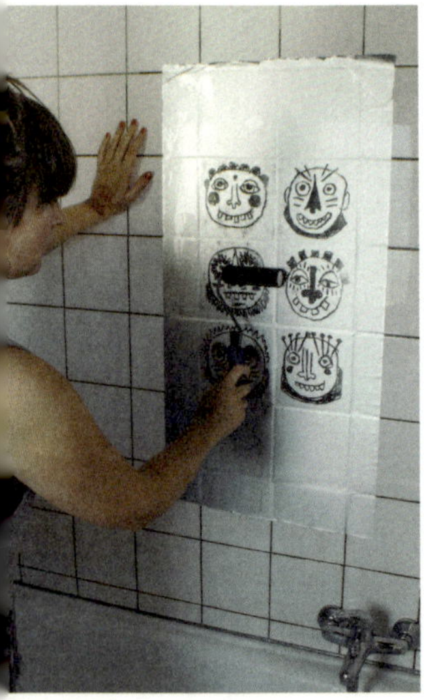

3. EINFÄRBEN

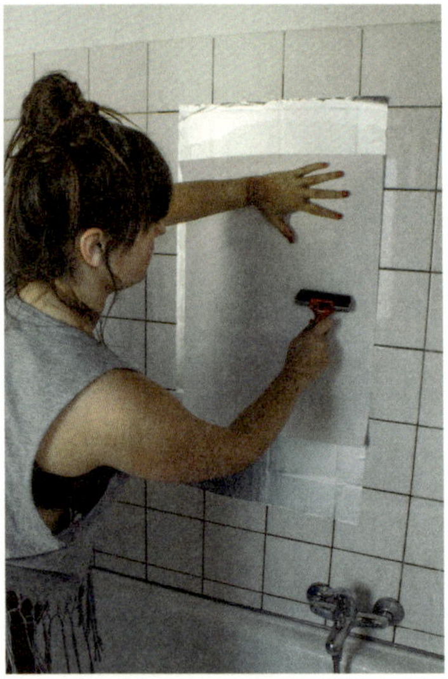

4. DRUCKEN

DRUCKEN IN DER WANNE

Für die zweite Methode benötigst du eine geflieste Fläche. Da du auf dieser Fläche deine Druckplatte erstellen wirst, ist es wichtig, dass Cola und Wasser nach unten abfließen können. Deswegen eignet sich die Badewanne perfekt dafür.

Die Fliesen sollten sauber und glatt sein. Auch hier benetzt du die Fläche mit Wasser. Anschließend rollst du eine Bahn Alufolie auf der Fläche aus und schneidest sie in der gewünschten Länge ab. Durch die Wasserschicht auf den Fliesen bleibt die Folie haften. Nun kannst du dein Motiv auf die Alufolie zeichnen und mit den weiteren Schritten zur Herstellung einer Druckplatte fortfahren.

Weil die Cola beim Arbeiten in der Senkrechten schnell nach unten abfließt, benötigst du hier mehr davon – ein Liter sollte aber ausreichen.

Die Struktur der Fliesen wird im Druck sichtbar. Wir mögen das sehr gerne. Wenn du aber lieber auf die Kacheloptik verzichten möchtest, dann schau dir mal die dritte Methode auf der nächsten Seite an.

TIPP

Im Frühling, wenn die Grillsaison beginnt, gibt es in den Supermärkten eine sehr starke und breite Alufolie. Sie eignet sich super für die Arbeit mit großen Formaten. Die Alufolie, die du hier auf den Fotos siehst, hat etwa die Breite von DIN A2.

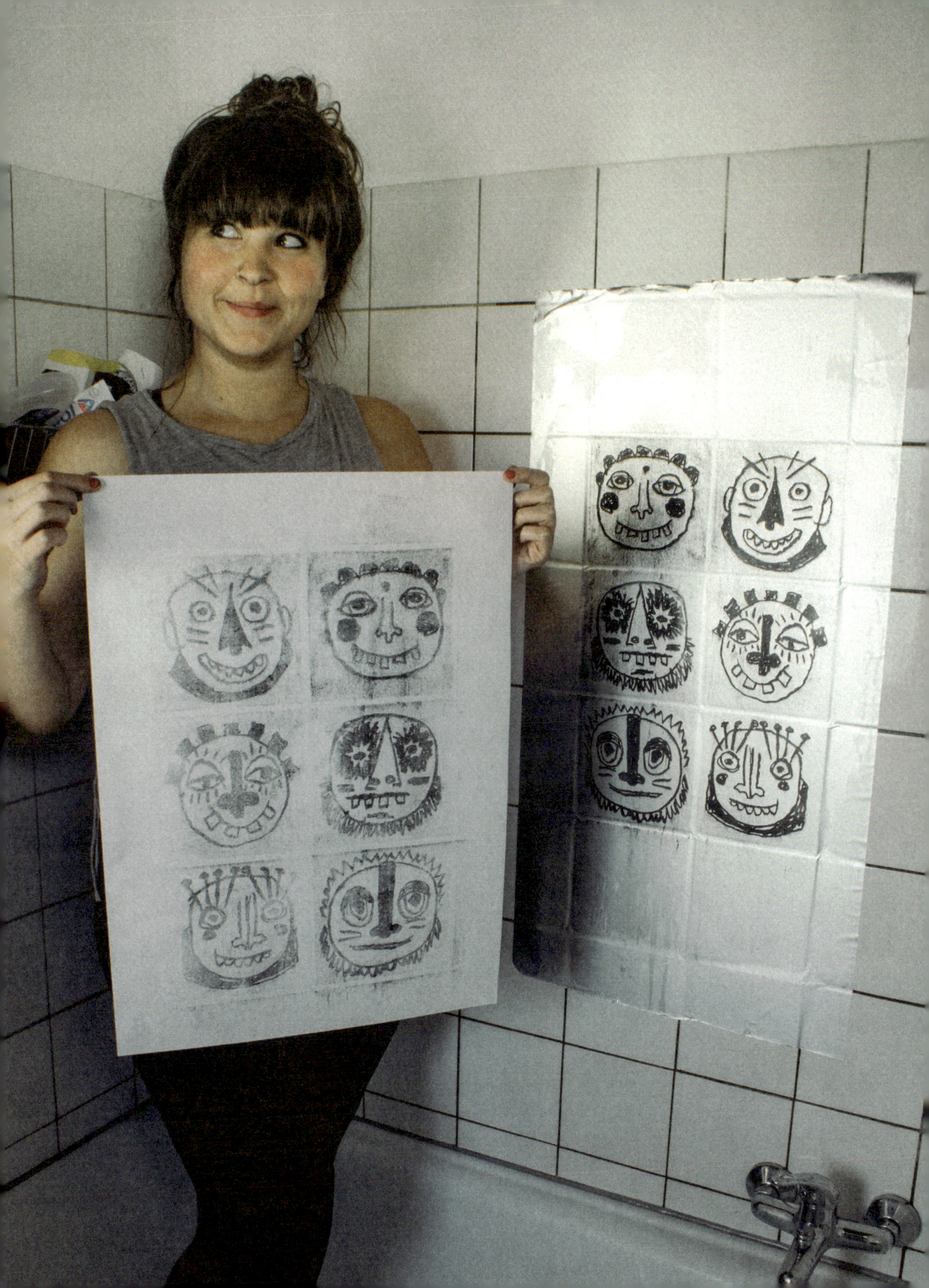

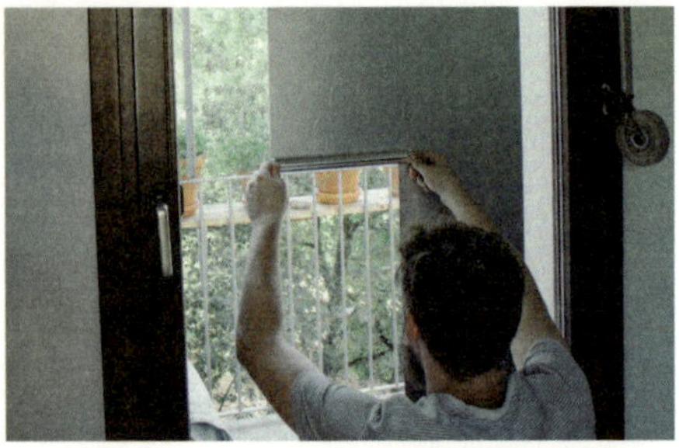
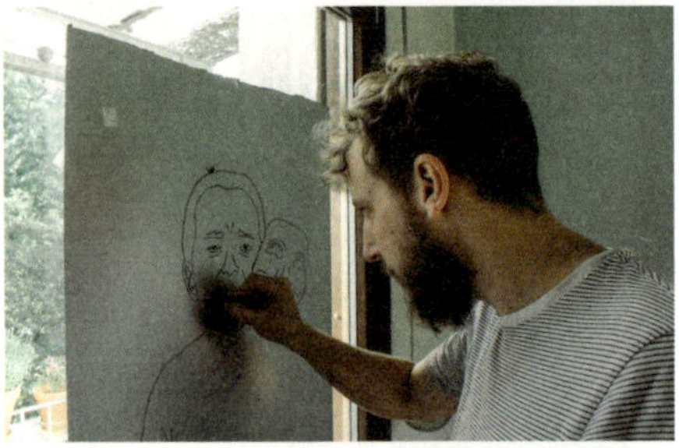
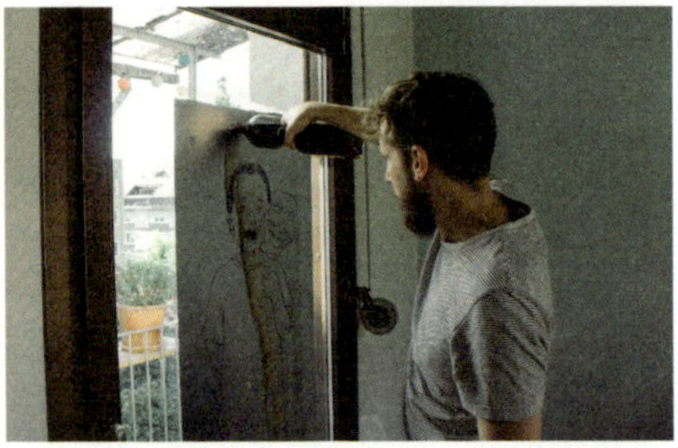
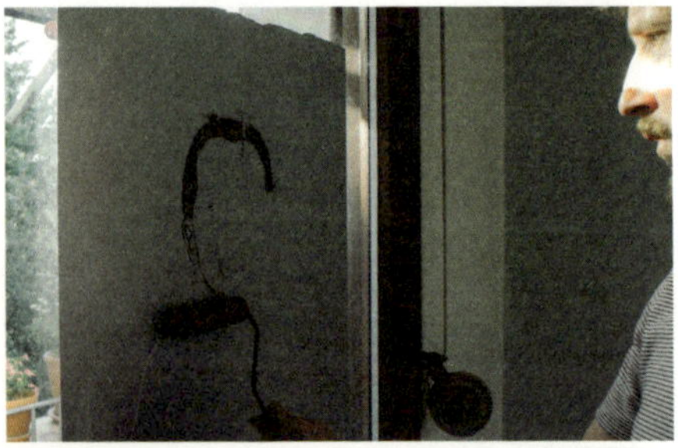
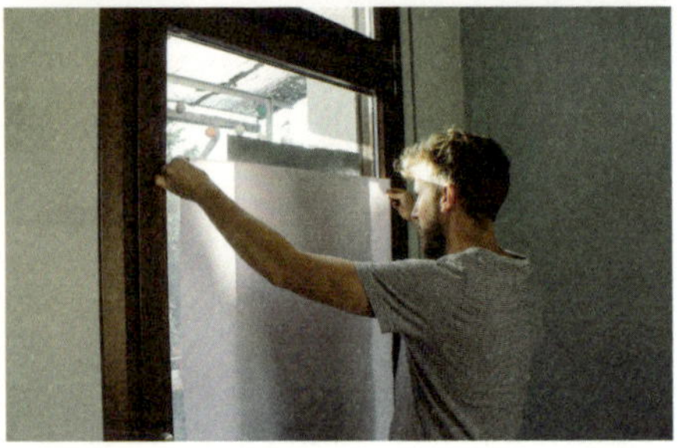

DRUCKEN AN DER SCHEIBE

Die dritte Methode, die wir dir gerne zeigen möchten, haben wir an unserer Balkontür getestet. Du brauchst also eine große und glatte Fläche. Damit Cola, Öl und Wasser nach unten abfließen können, haben wir einen langen Pflanzkasten vor die Balkontür gestellt, der alle Flüssigkeiten auffängt.

Auch hier benetzt du die Fläche mit Wasser. Anschließend rollst du eine Bahn Alufolie auf der Fläche aus und schneidest sie in der gewünschten Länge ab. Wir haben die Alufolie bis in den Pflanzkasten laufen lassen. Jetzt rollst du eine zweite Bahn Alufolie an der bereits angebrachten Alufolie leicht überlappend ab. Das wiederholst du so oft, bis die Fläche der Alufolienbahnen die gewünschte Breite hat. Anschließend zeichnest du dein Motiv auf die Alufolie und machst so mit den Schritten weiter, wie du es schon gelernt hast.

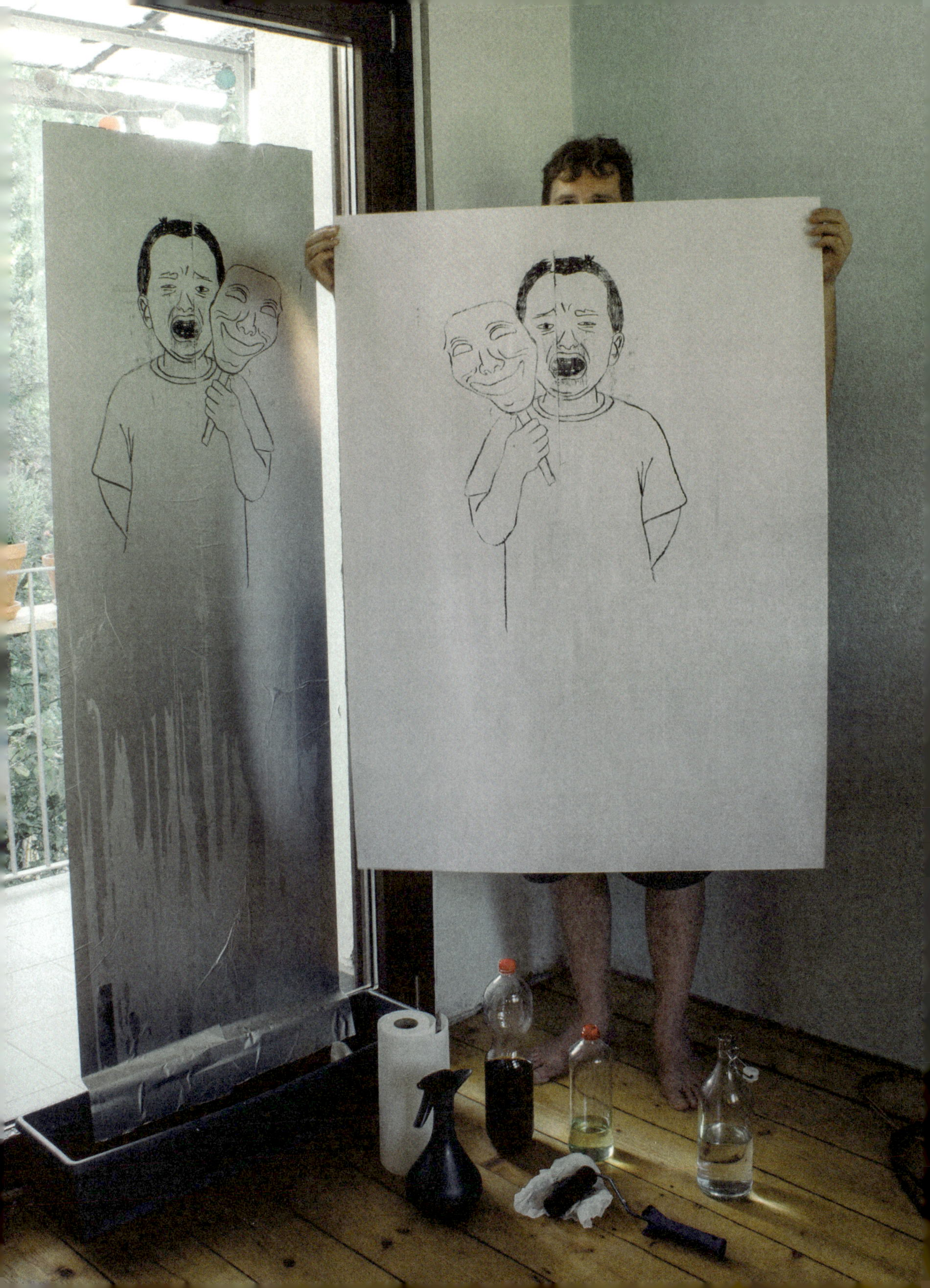

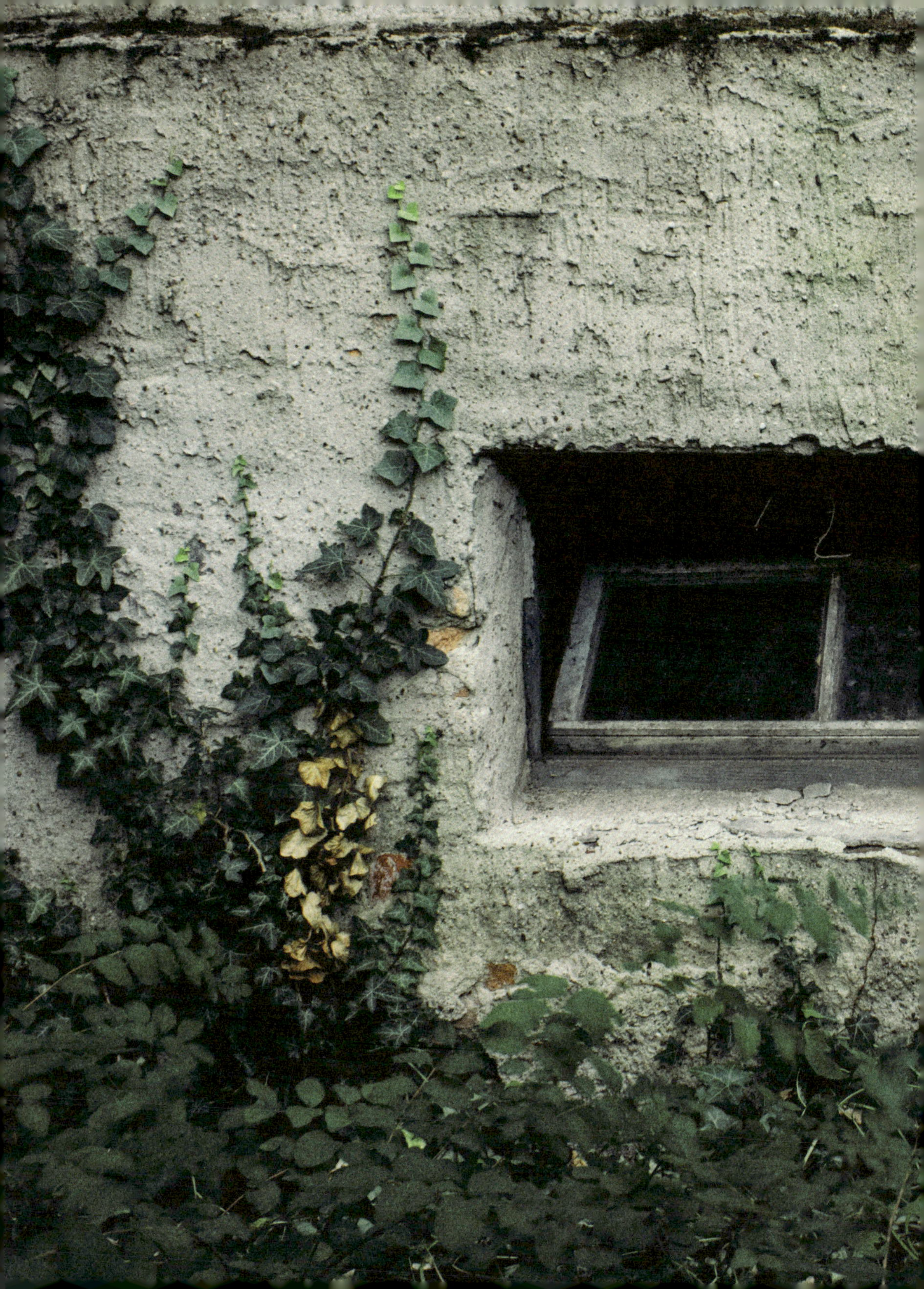

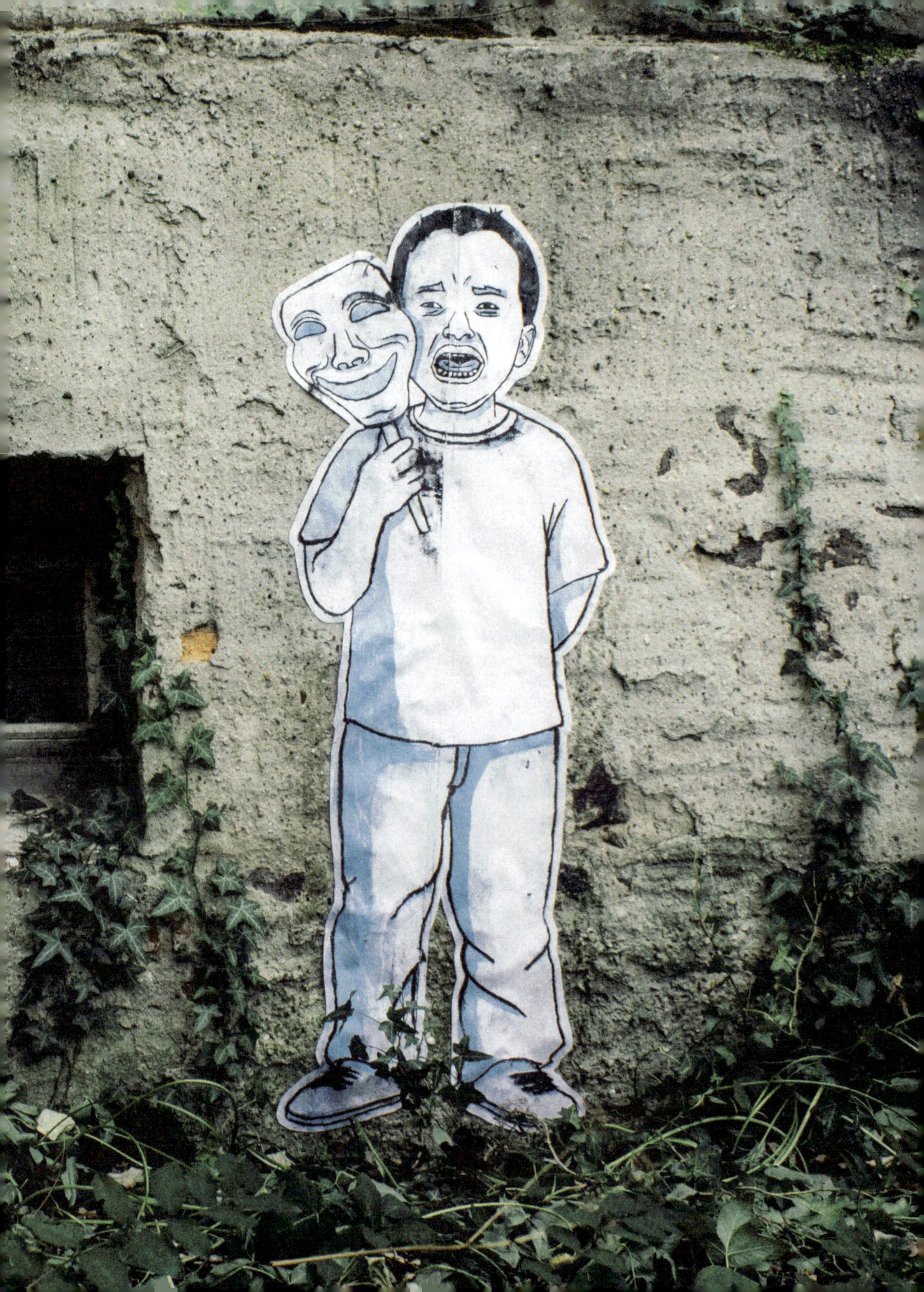

DIGITALES WEITERARBEITEN

TEXTUREN DRUCKEN

Eine schöne Möglichkeit, handgemachte Drucke für die digitale Weiterverarbeitung zu verwenden, ist es, Texturen zu drucken. Du erstellst eine Druckplatte und bemalst sie dann flächig mit einer weichen Ölpastellkreide. Natürlich kannst du je nach gewünschter Stilrichtung auch andere Materialien (z. B. Stifte, Pinsel oder Fingerabdrücke) zum Malen verwenden und so verschiedene Charakteristiken an Texturen erzeugen. Der Zufall spielt bei dieser Methode eine große Rolle, es geht nicht so sehr darum, die Fläche möglichst akkurat zu bemalen. Gerade kleine Ungenauigkeiten machen später den besonderen Reiz der Texturen aus.

Hast du die Druckplatte bemalt, kannst du mit den weiteren Schritten fortfahren. Anschließend erhältst du bei jedem Druckvorgang eine einzigartige Textur. Für diese Drucke verwenden wir immer schwarze Ölfarbe, und färben sie, falls notwendig, später am Computer in der gewünschten Farbe ein.

Um die Drucke digital weiter zu bearbeiten, lässt du sie erst antrocknen und scannst sie anschließend ein. Oft ist es sinnvoll, die Drucke mit einem hohen Kontrast einzuscannen. Das hängt jedoch auch immer davon ab, welchen Charakter du erhalten möchtest. Die eingescannten Drucke kannst du in entsprechenden Grafikprogrammen nach deinen Bedürfnissen anpassen und sie anschließend z. B. mit Schriften oder digitalen Illustrationen kombinieren. So erhältst du Motive mit einer charmanten Optik, die an Handgedrucktes erinnern.

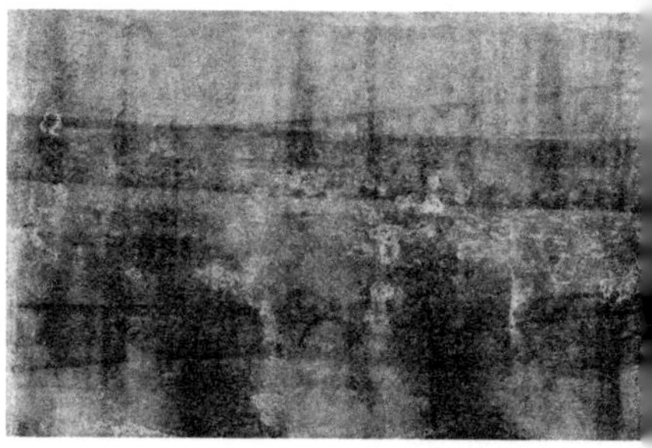

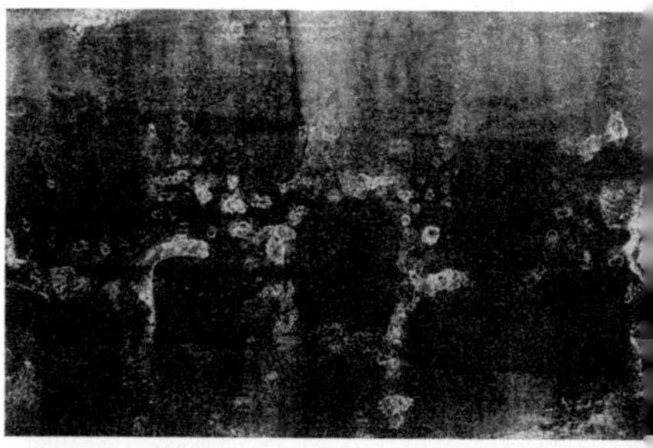

LULA

LULA

LULA

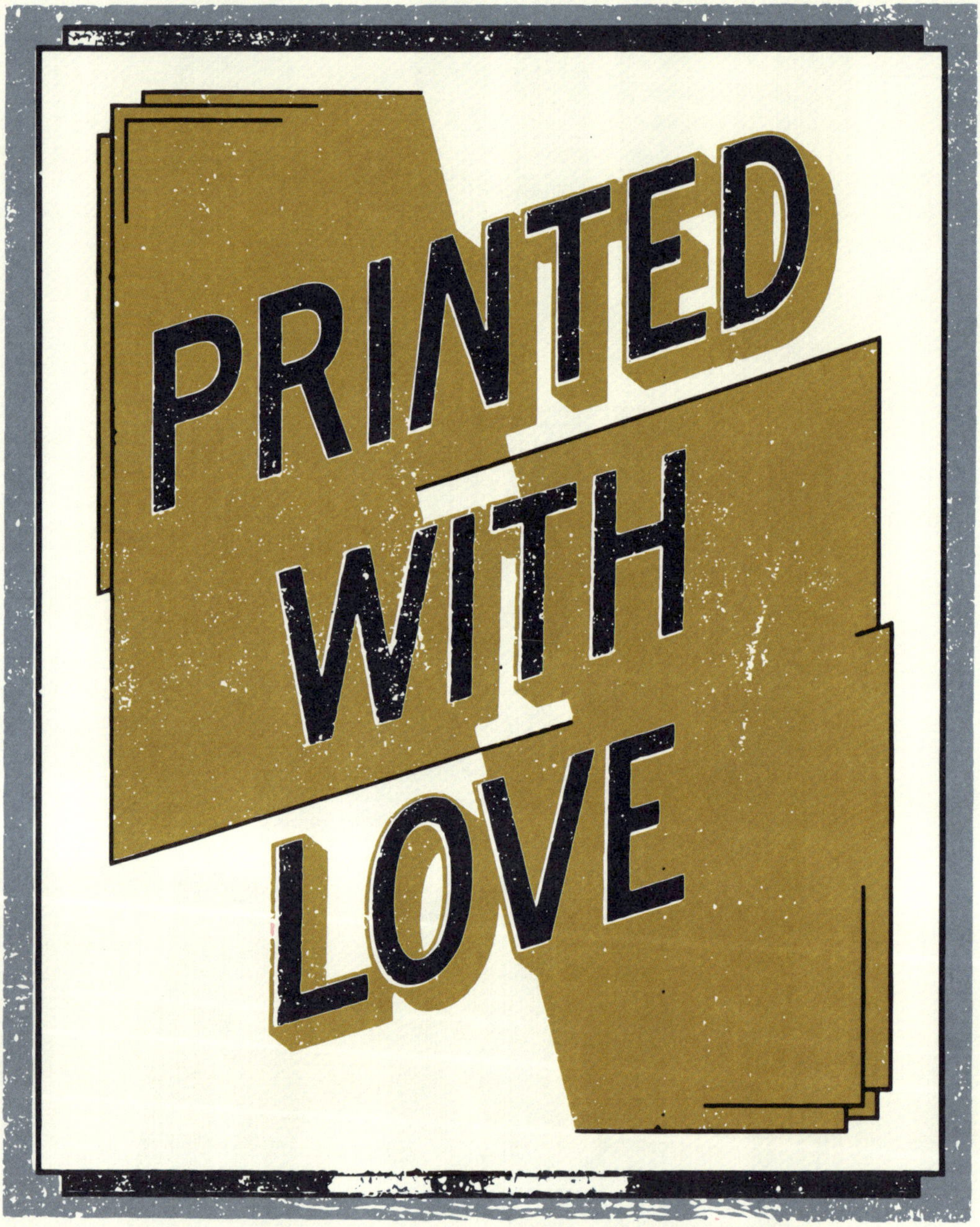
PRINTED
WITH
LOVE

DRUCKE VEKTORISIEREN

Willst du deine gedruckten Motive in digitale Projekte einbinden, ist es oft sinnvoll den Druck in eine Vektorgrafik umzuwandeln. Möchtest du z. B. ein Logo entwerfen, muss es später in unterschiedlichsten Größen verlustfrei dargestellt werden können und dafür eignen sich Vektorgrafiken sehr gut.

Zuerst überträgst du dein Motiv auf eine vorbereitete Druckplatte und druckst sie im Anschluss. Wir empfehlen dir, das komplette Motiv erstmal in Schwarz zu drucken. Falls das bei deinem Entwurf nicht geht, kannst du die verschiedenen Farbteile des Logos auf mehrere Druckplatten aufteilen (wie auf Seite 58 beschrieben) und sie später am Computer wieder zusammenfügen. Hast du das gewünschte Druckergebnis, lässt du es etwas trocknen und scannst es danach ein. Die besten Ergebnisse hatten wir, wenn wir den Druck in Graustufen eingescannt haben.

Den eingescannten Druck lädst du in ein Programm zum Erstellen von Vektordateien und wandelst ihn in eine Vektorgrafik um. Für das Umwandeln einer Bilddatei in eine Vektorgrafik bieten die Programme häufig eine Reihe von Einstellmöglichkeiten an. Hier lohnt es sich, je nach Motiv, noch ein paar Anpassungen für den Feinschliff vorzunehmen. Oft werden sonst Details beim Umwandeln verschluckt oder nicht in der gewünschten Art dargestellt. Ist das Bild dann in eine Vektorgrafik umgewandelt, kannst du es problemlos in den gewünschten Farben eingefärben und in dem gewünschten Dateiformat abspeichern.

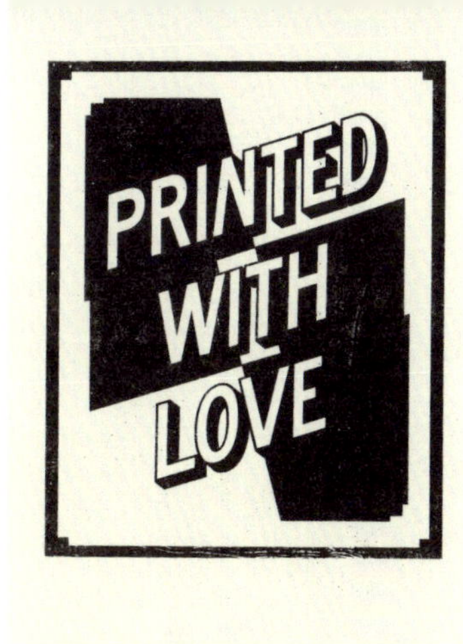

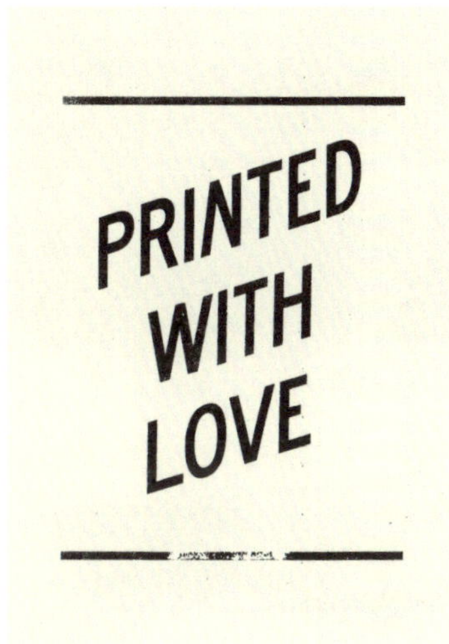

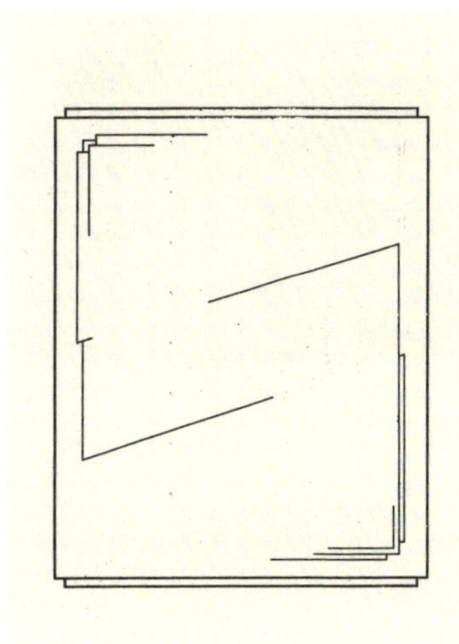

EINGESCANNTE DRUCKE

VEKTORGRAFIK

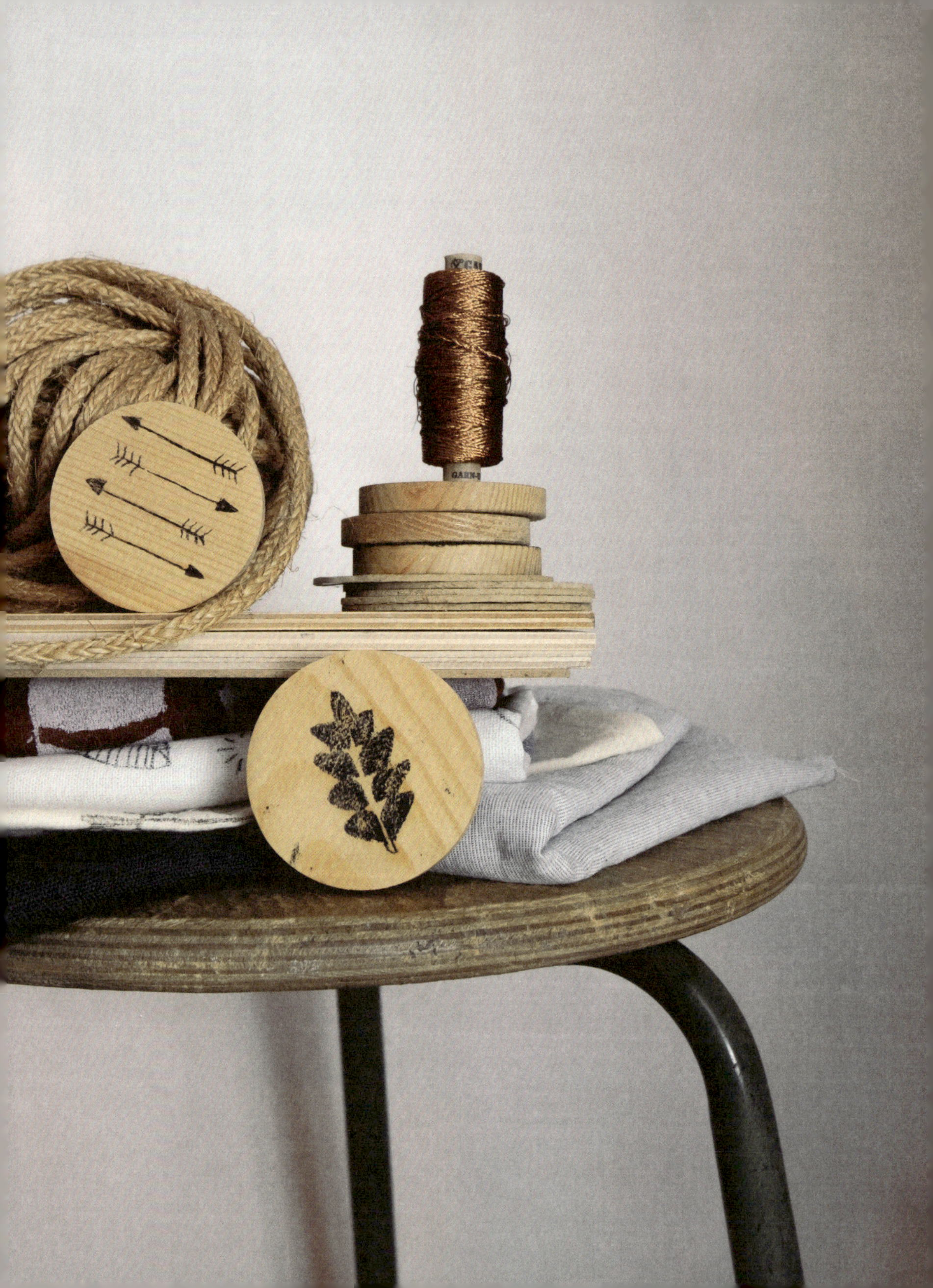

DRUCKEN AUF HOLZ, STOFF UND CO

Papier ist nicht das einzige Material, das du mit dieser Drucktechnik bedrucken kannst. Der Druckprozess bleibt derselbe, wie in der Anleitung für Papier beschrieben. Es ändert sich lediglich das Material, auf das du druckst.

Auf den folgenden Seiten möchten wir dir zwei weitere Möglichkeiten vorstellen.

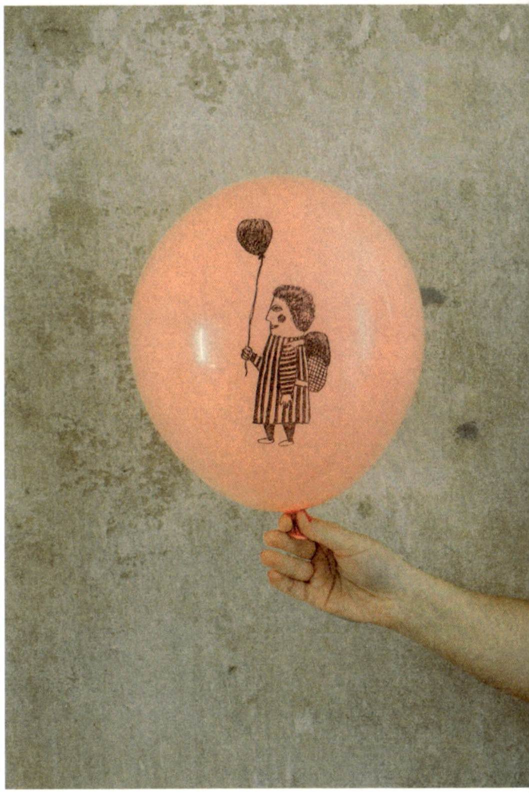

MAN KANN ÜBRIGENS AUCH LUFT-BALLONS BEDRUCKEN. SCHAU DOCH EINFACH MAL AUF SEITE 114 VORBEI.

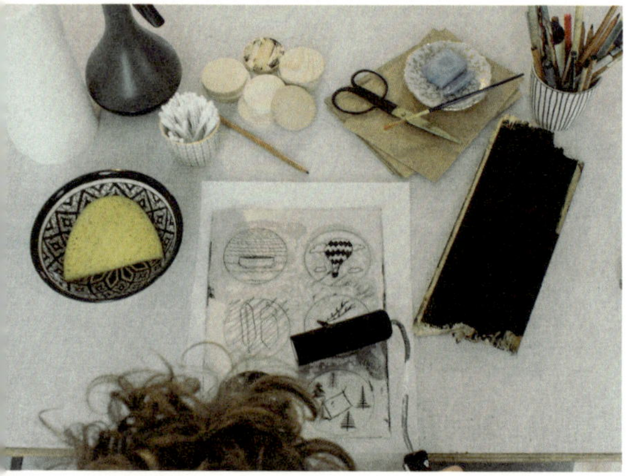

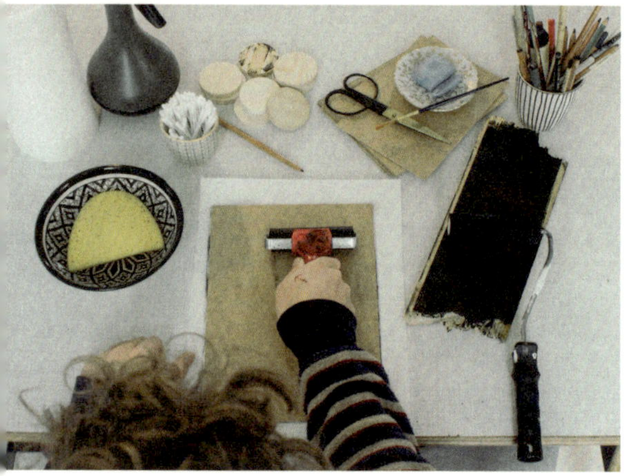

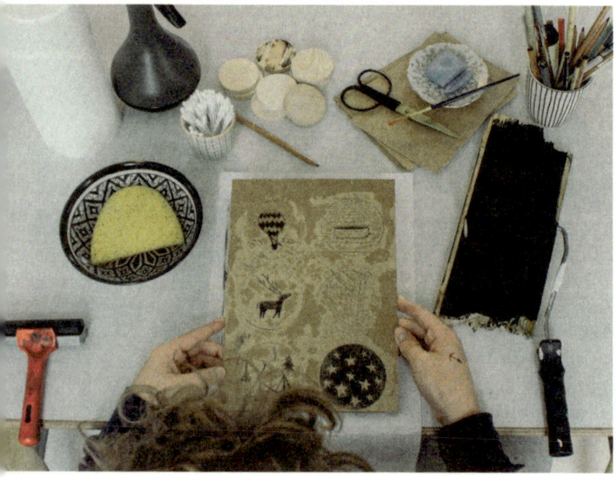

DRUCKEN AUF HOLZ

Holz lässt sich ziemlich gut bedrucken. Beachten solltest du jedoch, dass die Druckplatte schön satt eingefärbt ist und du beim Drucken einen stärkeren Druck ausüben musst als bei Papier.

Wenn du dickeres Holz bedrucken möchtest, dann löse die eingefärbte Alufolie von der Platte und positioniere sie auf der Holzoberfläche. Reibe dann mit deinem Finger über die Alufolie, bis du alle Stellen deiner Zeichnung gleichmäßig abgedruckt hast.

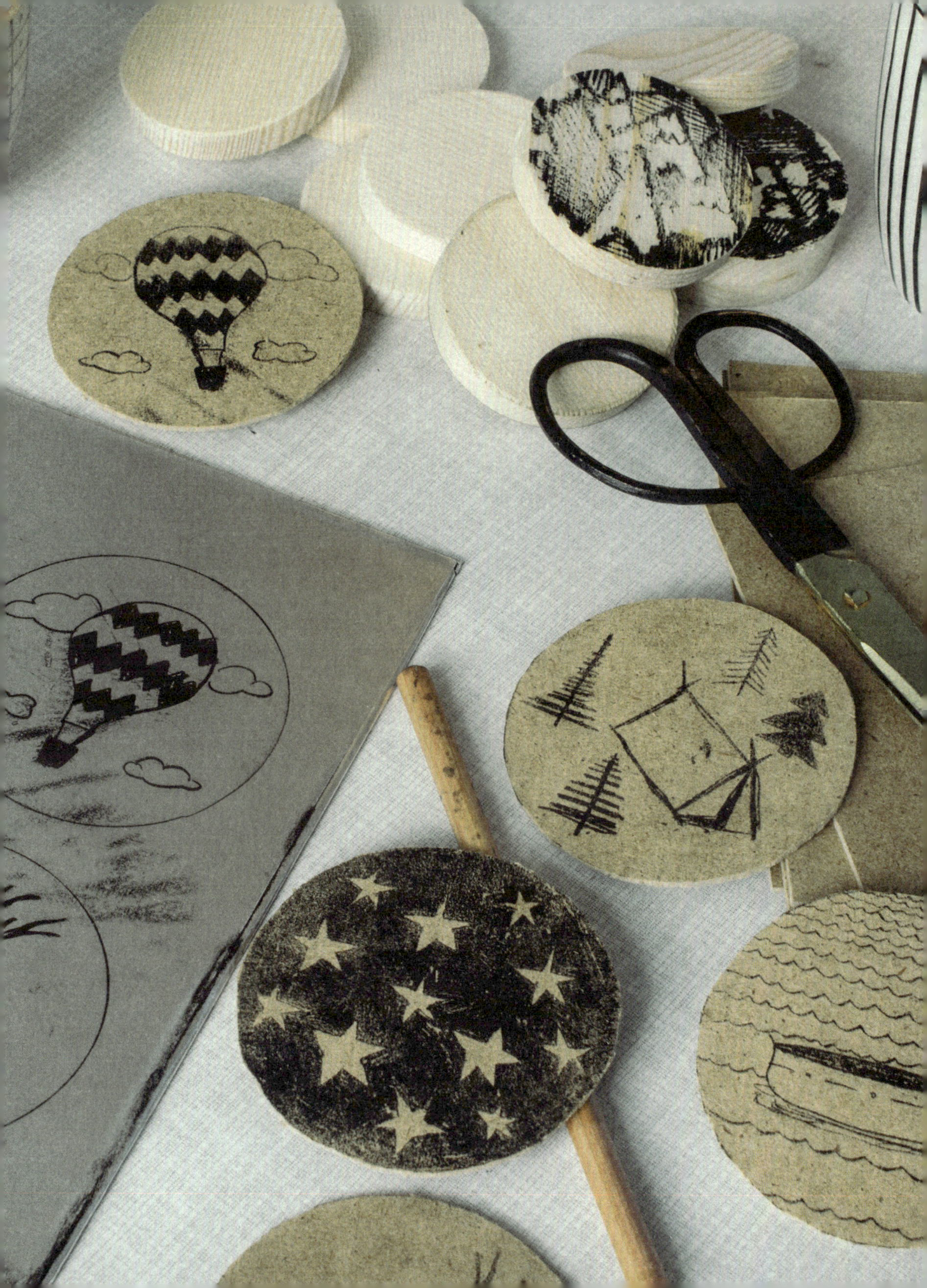

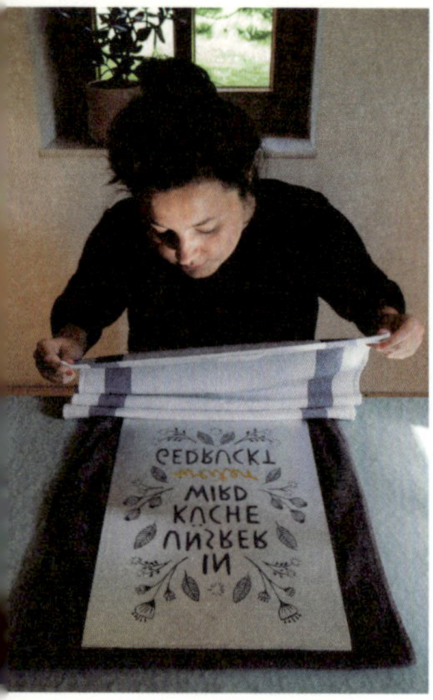

1. POSITIONIEREN

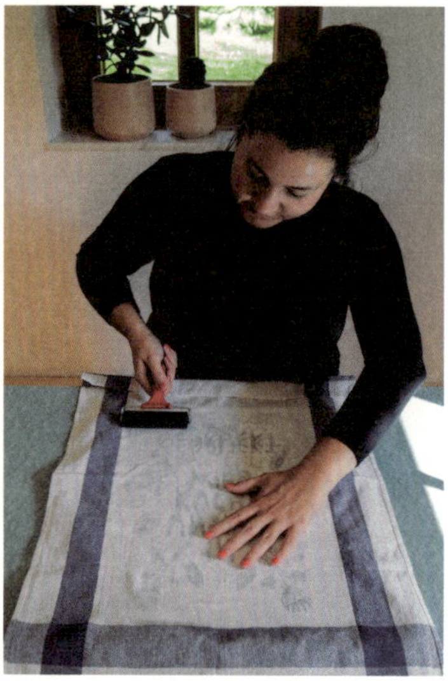

2. FALTEN RAUSSTREICHEN

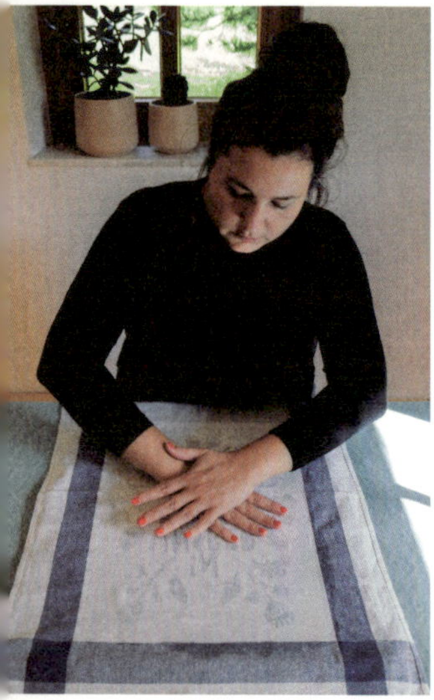

3. MIT HANDBALLEN UND FINGERN DRUCK AUSÜBEN

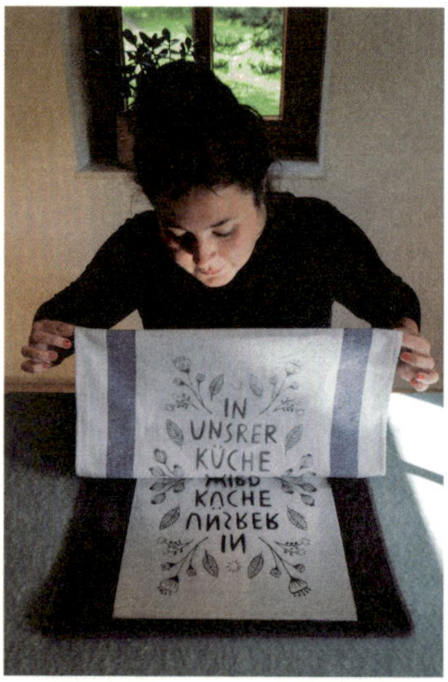

4. VORSICHTIG ABZIEHEN

DRUCKEN AUF STOFF

Um Stoff zu bedrucken, solltest du ebenfalls ein paar Dinge beachten. Ist deine Druckplatte eingefärbt, ist es wichtig, den Stoff unter etwas Spannung auf die Druckplatte zu bringen. Liegt der Stoff auf der Druckplatte auf, sollte er sich nicht mehr verziehen. Du kannst den Stoff mit einer Linolwalze oder einem Löffel an die Druckplatte pressen. Wenn du aber merkst, dass sich der Stoff dabei verzieht, dann drücke ihn einfach mit den Händen an allen Stellen der Zeichnung fest an. Löst du den Stoff von der Druckplatte, achte darauf, ihn nicht zu sehr zu verziehen. Solange die Druckfarbe noch feucht ist, wird das Motiv sonst verzerrt.

Auf dem Stoff braucht die Farbe etwas länger, um vollständig zu trocknen. Nach einer Woche ist es kein Problem mehr, den Stoff bei 30° in der Waschmaschine zu waschen.

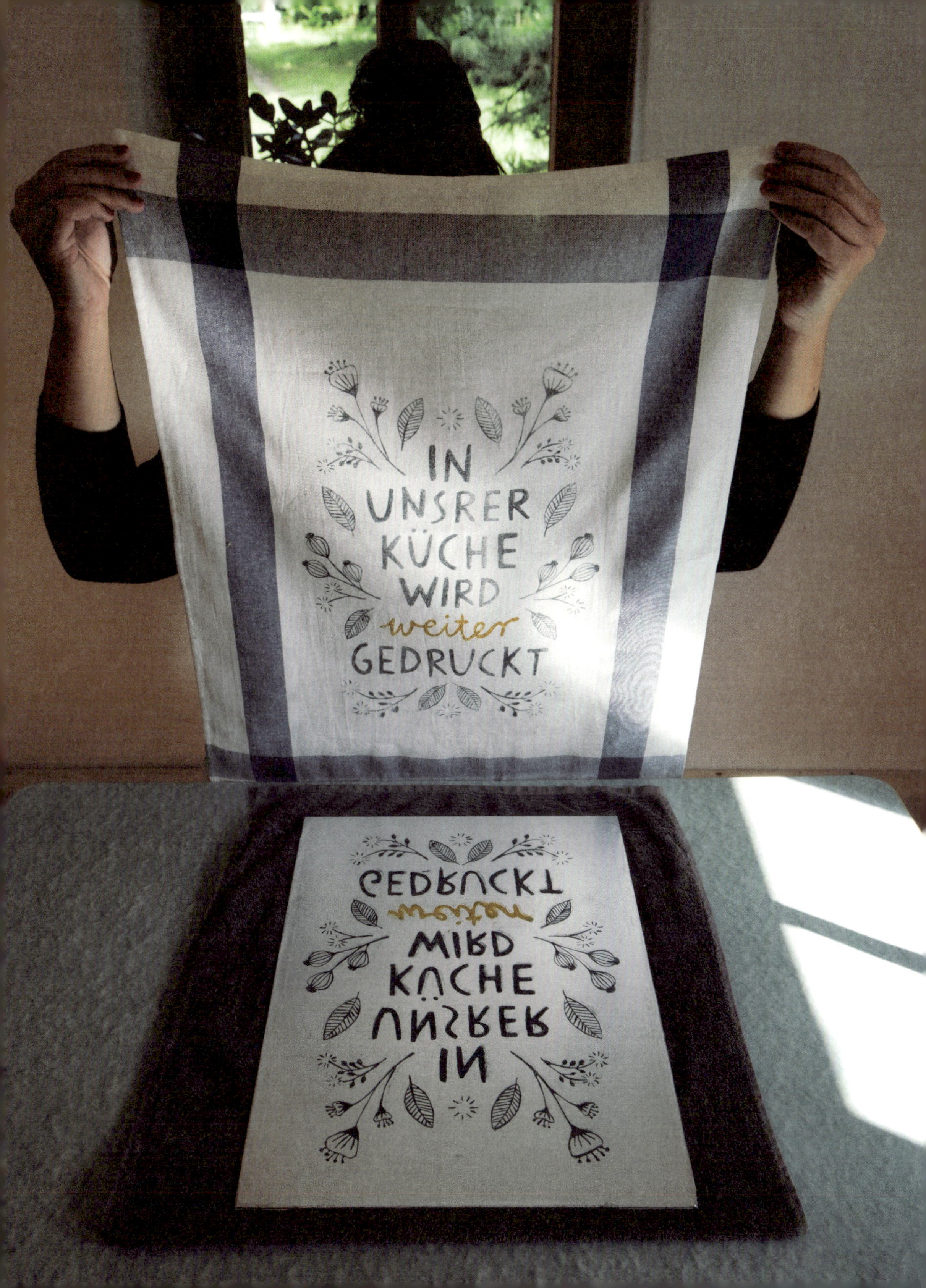
IN
UNSRER
KÜCHE
WIRD
weiter
GEDRUCKT

SO HABEN WIR'S GEMACHT:

ETIKETTEN → 12

Für das Herstellen der Etiketten, haben wir auf einer Druckplatte direkt verschiedene Motive gezeichnet. So hatten wir auf jedem Druckbogen mehrere Etiketten, die wir nur noch ausschneiden und aufkleben mussten. Manche haben wir mit einer Paketschnur an den verschiedenen Gläsern befestigt.

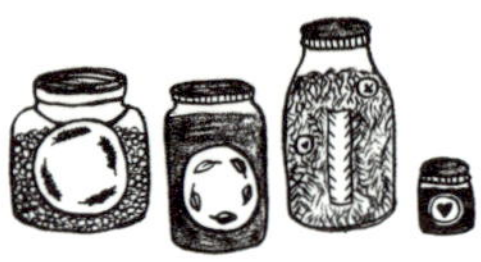

PAPIERTÜTEN → 15

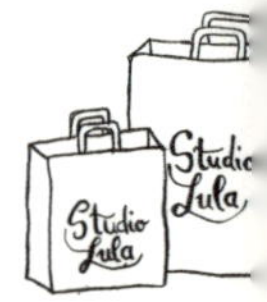

Bei den Papiertüten haben wir auf der eingefärbten Druckplatte mit etwas Küchenpapier das überschüssige Wasser entfernt. Da bei den ersten Versuchen das Motiv etwas verwackelt ist, weil wir zwei Lagen Papier zwischen Linolwalze und Druckplatte hatten, haben wir nach unseren Fehlversuchen in der Innenseite der Tüten mit der Linolwalze gerollt.

Das funktioniert super! Mit derselben Druckplatte haben wir dann auch noch Umschläge bedruckt.

PAPPKARTONS → 14

Die Kisten haben wir zuerst zusammengefaltet. Danach haben wir die Druckplatten mit den Motiven vorbereitet und jeweils die Alufolie mit den eingefärbten Motiven von den Glasplatten abgelöst. Anschließend haben wir die Alufolie vorsichtig auf die gewünschte Stelle auf der Kiste gelegt und mit den Fingern festgestrichen. Hier war es hilfreich, zu zweit zu arbeiten.

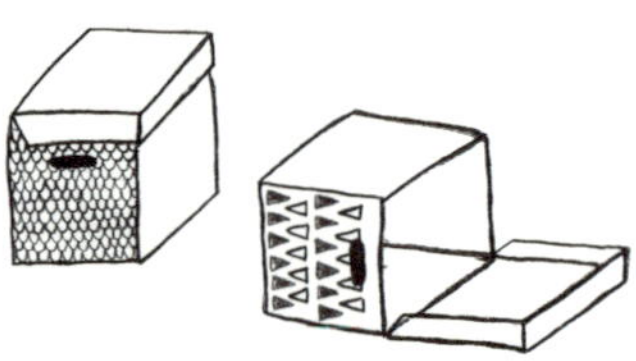

POSTKARTEN → 16

Die Postkarten sind aus jeweils drei Druckplatten entstanden: die erste Druckplatte für die farbigen Flächen, die zweite für die schwarzen Linien und die dritte für die Postkartenrückseite – natürlich mit einem Feld für die Briefmarke.

Bei doppelseitigen Drucken legen wir immer ein Papier zwischen Linolwalze und bedrucktes Papier, damit man beim Drucken nicht die Rückseite beschmutzt.

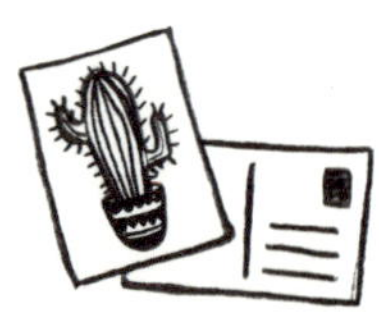

VISITENKARTEN

→ 17

Um die Visitenkarten umzusetzen, haben wir zunächst drei A4-Druckplatten erstellt. Auf der ersten haben wir den Hintergrund für Vorder- und Rückseite, der später farbig werden sollte, angelegt. Die beiden anderen Druckplatten waren für die Texte der Vorder- und Rückseite. Da auf einem A4-Bogen mehrere Vistitenkarten platziert werden können, legten wir alle Motive achtmal, passgenau auf der Druckplatte an.

Nachdem jedes Motiv gedruckt war, scannten wir die verschiedenen Blätter ein und fügten sie dann am Computer zusammen.

POSTER

→ 18

Da unsere Glasplatten zu klein waren, um ein A2-Poster zu drucken, haben wir eine alte Plexiglasplatte aus einem Leuchtkasten verwendet, um die Alufolie darauf auszurollen. Da die Druckplatte für dieses Motiv jetzt zu groß war, um sie im Waschbecken zu ätzen, haben wir diesen Schritt in der Badewanne gemacht. Die Poster wurden in drei Durchgängen dreifarbig gedruckt.

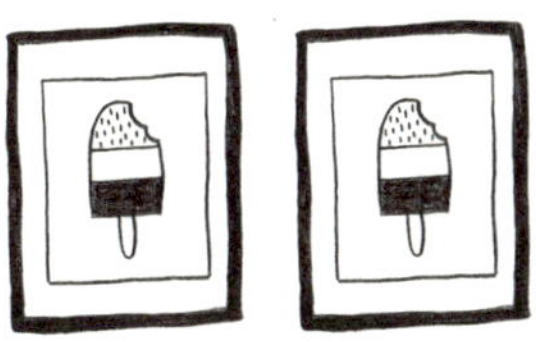

GIRLANDE

→ 20

Für die Form der Wimpel haben wir uns eine Schablone ausgeschnitten und sie auf die Druckplatte gezeichnet. Dann haben wir die Motive in die Formen gezeichnet und sie danach gedruckt. So hatten wir es später einfacher, die Wimpel direkt in der richtigen Größe zuzuschneiden.

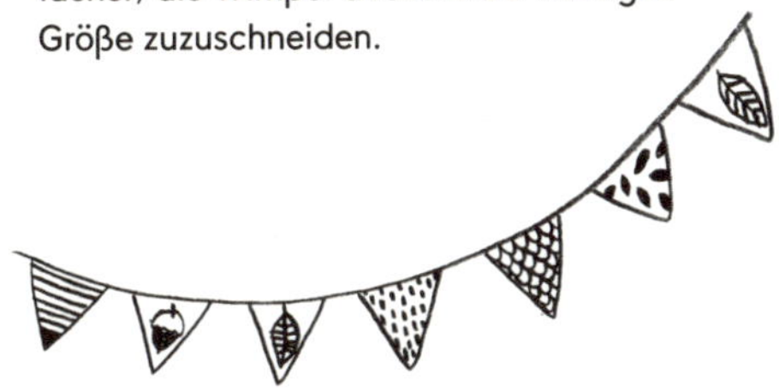

NOTIZHEFTE

→ 21

Für die Umschläge der Notizhefte haben wir uns schöne farbige Pappen und Papiere ausgesucht. Sie müssen so groß sein, dass sie für die Vorder- und für die Rückseite reichen. Bedruckt haben wir nur die Vorderseiten. Nachdem die Cover getrocknet waren, haben wir sie in der Mitte gefalzt und sie per Fadenheftung mit dem Innenteil verbunden.

Anschließend haben wir die Notizhefte mit der Schneidemaschine auf das richtige Format beschnitten.

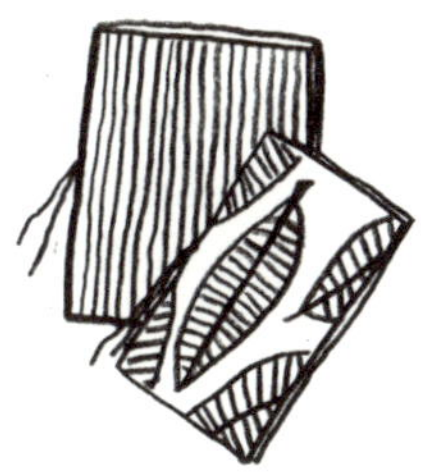

BUTTONS → 22

Um Buttons zu machen, haben wir uns eine kleine Buttonmaschine ausgeliehen. Damit die Motive später nicht am Rand abgeschnitten werden, haben wir zu dem Endformat eine Beschnittzugabe von 3 mm mitberechnet. Auch hier haben wir mehrere Motive auf ein A4-Blatt gedruckt, dann Kreise ausgeschnitten und mit der Buttonmaschine alle Teile der Buttons zusammengefügt.

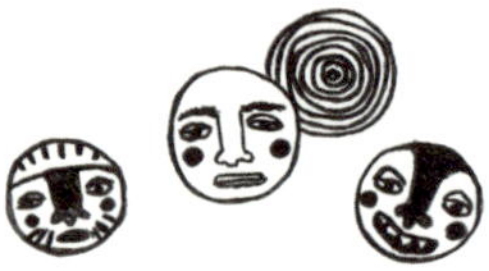

KUNSTDRUCKE → 24

Im Laufe der Zeit sind bei uns sehr viele Drucke entstanden. Um sie nicht einfach in einer Schublade verstauben zu lassen, haben wir verschiedene Bilderrahmen damit bestückt und eine schöne Bilderwand angelegt.

STICKER → 23

Für die Sticker haben wir herkömmliches Aufkleberpapier aus dem Bastelladen verwendet. Wir haben eine Druckplatte mit verschiedenen Motiven vorbereitet und anschließend auf A4-Aufkleberpapier gedruckt. Da das Aufkleberpapier sehr dünn ist, rollt es sich nach dem Drucken röhrenförmig zusammen. Wir haben es dann einfach zwischen zwei Küchenpapiere in ein schweres Buch gelegt.

Nachdem die Drucke getrocknet und gepresst waren, haben wir die einzelnen Motive ausgeschnitten. So kann man schnell kleine Sticker-Auflagen produzieren.

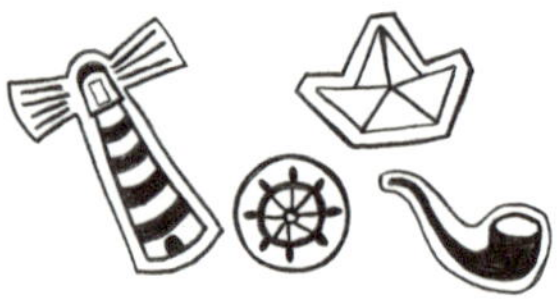

MAGNETE AUS HOLZ → 26

Die Magnet-Motive haben wir auf unterschiedlich dicke Hölzer gedruckt. Bei den dünnen Hölzern haben wir mehrere Motive auf eine Holzplatte gedruckt. Hier konnten wir die Holzplatte direkt auf die Druckplatte legen und mit ordentlich Druck die Motive übertragen. Danach haben wir die einzelnen Kreise ausgeschnitten.

Für die dickeren Magnete hatten wir runde Holzscheiben, die wir dann einzeln bedruckt haben. Da wir durch das dicke Holz nicht genug Druck auf die Druckplatte ausüben konnten, haben wir hier die Alufolie mit den eingefärbten Motiven von der Glasplatte entfernt und sie direkt auf die Holzscheiben gelegt. So konnten wir die Alufolie gut an das Holz anpressen (siehe auch Seite 106).

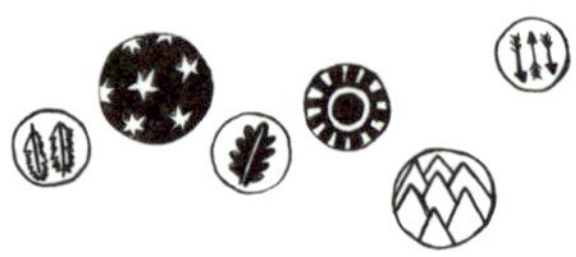

AUFSTELLER AUS HOLZ → 27

Wir haben uns im Baumarkt ein Holzbrett auf die gewünschte Größe zuschneiden lassen. Anschließend haben wir die Druckplatten vorbereitet und eingefärbt. Da das Holz recht dick war, haben wir die eingefärbte Alufolie von der Glasplatte vorsichtig abgelöst und direkt auf dem Holzaufsteller platziert. So konnten wir den Druck besser auf das Holz übertragen.

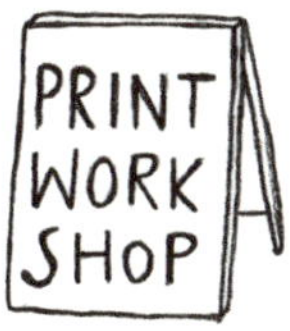

SHIRTS → 28

Wir haben eine dünne Pappe an die Stelle im T-Shirt geschoben, die von außen bedruckt werden sollte. Dann haben wir den Stoff über die Kanten der Pappe straff gezogen, damit er keine Falten warf. So haben wir das T-Shirt auf die vorbereitete Druckplatte gelegt und mit den Handballen Stück für Stück über das ganze Motiv gedrückt. Alternativ kannst du auch in kleinen Schritten mit einer Linolwalze über die Pappe rollen.

Mit dem Pullover haben wir es genauso gemacht. Für das Motiv waren zwei Druckplatten nötig: Die erste für das Fotomotiv, das wir in Schwarz einfärbten und druckten. Mit der zweiten Druckplatte, die wir mit vorbereiteten Passern gut platzieren konnten, druckten wir in einem hellen Gelb auf das Foto.

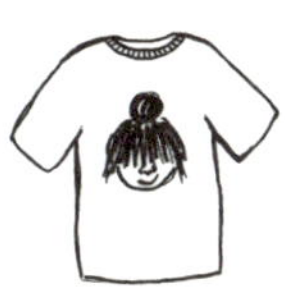

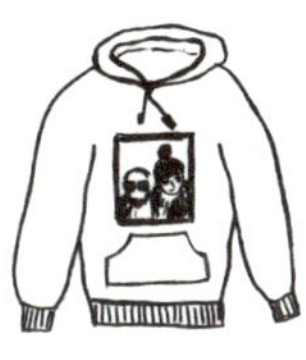

KISSENBEZÜGE → 30

Viele Kissenbezüge sind aus einem festeren Stoff. So haben wir die Erfahrung gemacht, dass es sich bei solchen Materialien eher anbietet, einfarbige Motive zu drucken, da das Druckergebnis oft relativ hell ausfällt. Deshalb eigenen sich hier auch eher dunklere Farben.

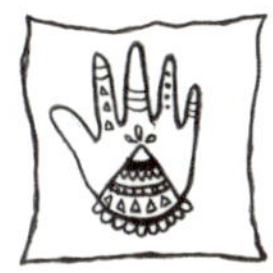

KUNSTDRUCK AUF STOFF → 31

Der Kunstdruck auf Stoff ist aus elf verschiedenen Druckplatten entstanden, die wir ganz frei während des Druckprozesses zueinander positioniert haben – ohne Planung oder Passermarken.

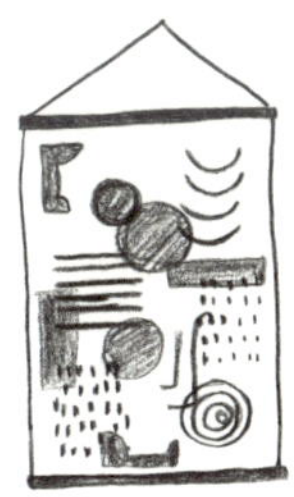

STOFFTASCHE → 32

Das Motiv auf der Stofftasche ist mit zwei Druckplatten umgesetzt worden. Auf der ersten Druckplatte haben wir die flächigen Kolorierungen mit unterschiedlichen Farben auf einer Druckplatte eingefärbt. Die zweite Druckplatte diente der Linienzeichnung, die wir schwarz einfärbten.

Die Stofftasche haben wir beide Male auf der jeweiligen eingefärbten Druckplatte positioniert und anschließend mit der Linolwalze den Druck von der Innenseite der Tasche her ausgeübt. So entstand ein satteres Druckergebnis. Zudem war es hier wichtig, mit Passern zu arbeiten, damit das Motiv der zweiten Druckplatte auch passgenau sitzt.

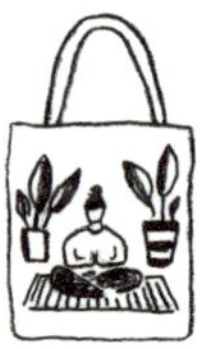

STREETART → 98

Für das Paste-up haben wir an der Scheibe unserer Balkontür eine »Druckplatte« vorbereitet. Das Motiv haben wir uns gestückelt auf A4 ausgedruckt und dann zusammengesetzt, sodass wir eine Vorlage in Originalgröße hatten. Anschließend haben wir das Motiv auf die Alufolie übertragen. Damit auch für den Druck der zweiten Farbe alles richtig sitzt, haben wir sowohl für die Vorlage als auch für das Papier, auf das wir gedruckt haben, an die Scheibe Passermarken geklebt (siehe auch Seite 96–99).

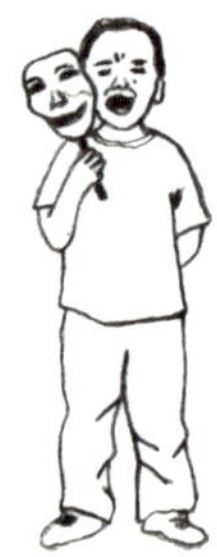

KÜCHENTUCH → 33

Küchentücher haben meistens eine sehr raue und unebene Struktur. Damit das Druckergebnis später nicht zu hell ist, haben wir die Druckplatte mit ordentlich viel Farbe eingefärbt. Das Motiv färbten wir auf der Druckplatte mit zwei Lackierrollen zweifarbig ein. Bei den kleinen, gelben Punkten hatten wir zu wenig Platz, um sie mit einer Lackierrolle einzufärben. Deshalb haben wir dort die Farbe mit einem Wattestäbchen auf die Druckplatte getupft. Mit der Linolwalze haben wir dann durch leichtes Drüberrollen das Küchentuch an der Druckplatte fixiert und ein paar Falten rausgebügelt. Da die Linolwalze beim Drüberrollen den Stoff schnell verzieht, haben wir mit unseren Fingern und Handballen den Druck ausgeübt. Bei dunklen Farben sieht man auch genau, wo man das Küchentuch festdrücken muss und wo nicht (siehe auch Seite 108).

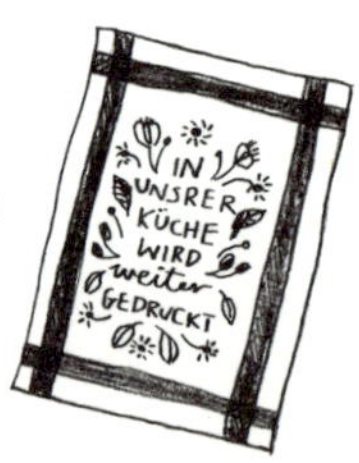

LUFTBALLONS → 115

Die Luftballons haben wir im aufgeblasenen Zustand bedruckt. Die Ballons verrutschen sehr leicht auf der feuchten Druckplatte, deshalb haben wir mit Küchenpapier den Wasserfilm nach dem Einfärben von der Druckplatte abgetupft. Wir haben den Ballon am Rand des aufgezeichneten Motivs aufgesetzt und dann über das Motiv gerollt, bis er alle Stellen des Motivs berührt hatte.

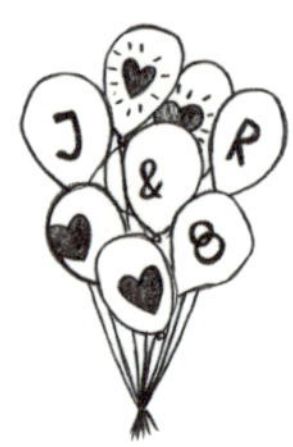

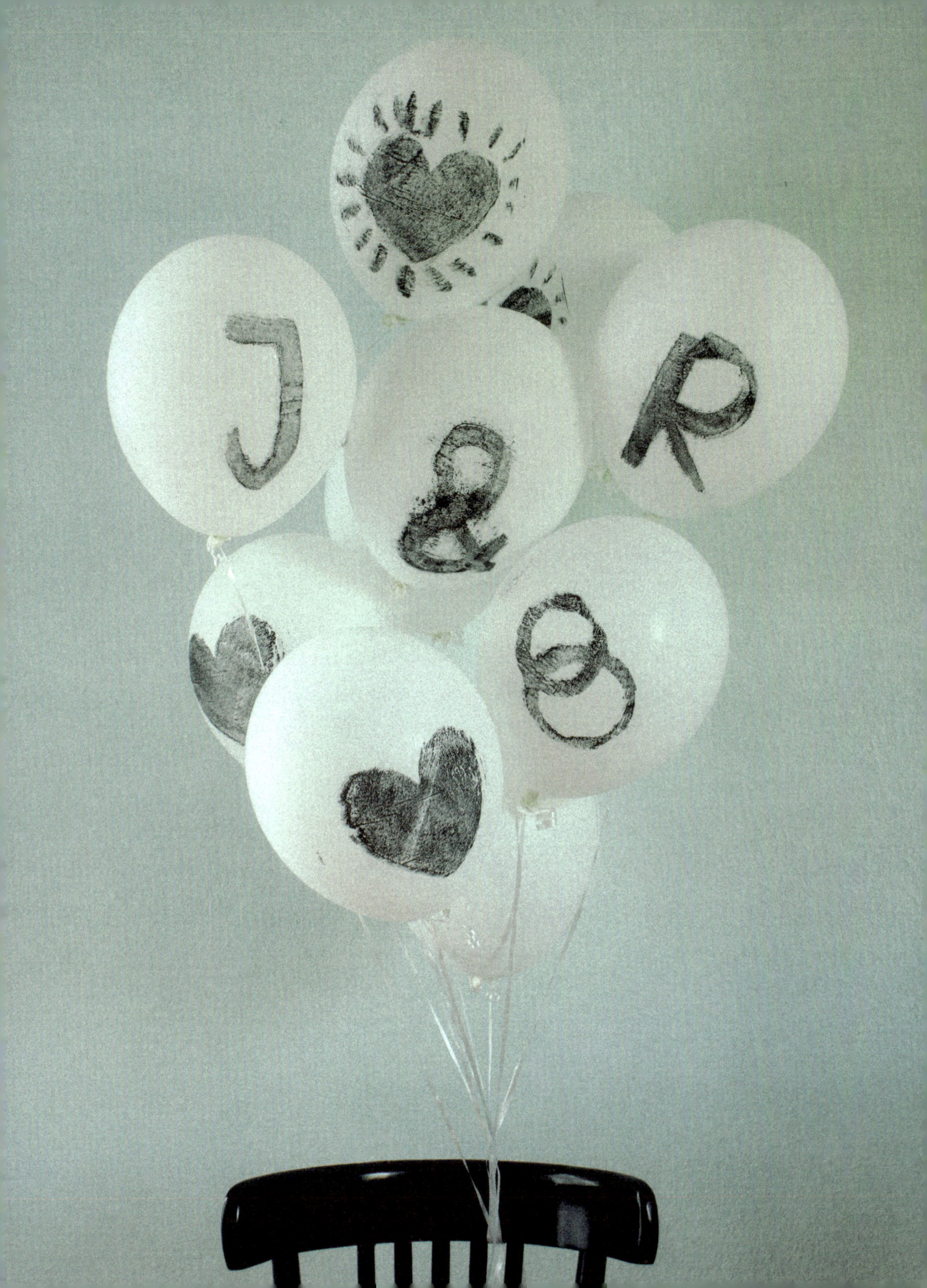
J
&
R

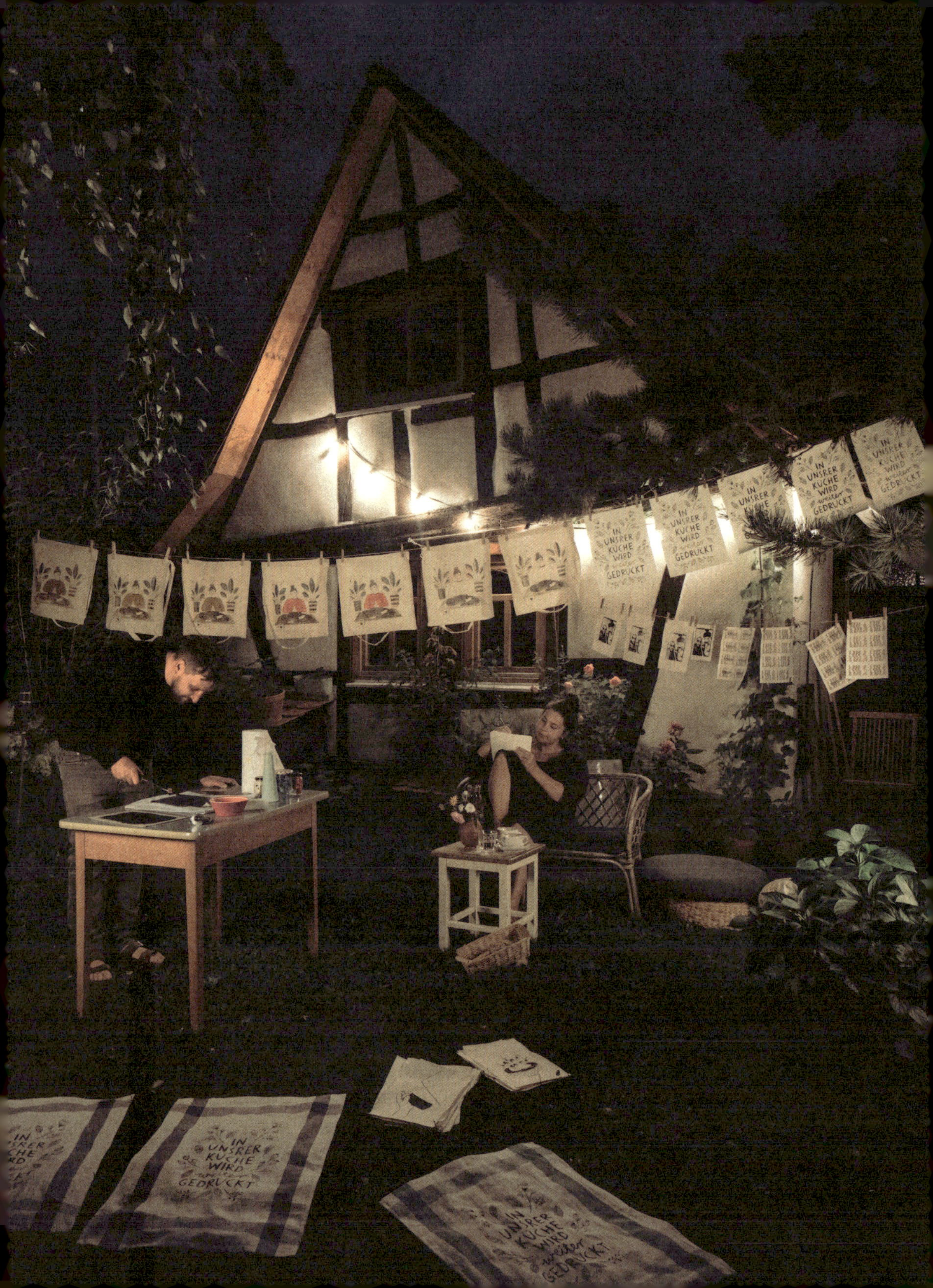
IN UNSRER KUCHE WIRD weiter GEDRUCKT

DAS SIND WIR

Wir sind Laura und Lucas, zwei Gestalter und Illustratoren aus Friedberg. Kennengelernt haben wir uns am Fachbereich Gestaltung der Hochschule Darmstadt während unseres Designstudiums.

Nach unseren Diplomen sind wir direkt ins kalte Wasser der Selbstständigkeit gesprungen und irgendwie gefällts uns hier. Seit 2015 arbeiten wir gemeinsam als »Studio Lula« im Bereich Grafikdesign, Illustration und Webdesign. Eines unserer ersten gemeinsamen Projekte war »In unsrer Küche wird gedruckt«, das im Herbst 2016 erschien. Seitdem verschlägt es uns in andere Städte und Länder, in denen wir druckbegeisterten Menschen in unseren Workshops Kitchen Litho näher bringen.

Die Freude am Experimentieren hat uns schon oft auf unerwartete und spannende Wege geführt. So hat es uns vor einiger Zeit in ein kleines Knusperhäuschen auf dem Land verschlagen. Da unsere Küche im Laufe der Jahre durch unsere vielen Druckexperimente aus allen Nähten platzte, arbeiten wir seit 2018 im eigenen Studio. Hier entstehen neben vielen neuen Druckplatten vor allem Arbeiten für zahlreiche Kunden in den Bereichen Corporate Identity, Editorial Design, Illustration und Webentwicklung.

Außerdem bieten wir in unseren Räumen Workshops an, in denen wir dich auf deinen ersten oder weiteren Schritten mit »Kitchen Litho« begleiten. Mit einfachen Mitteln stellen wir gemeinsam mit dir hochwertige Druckplatten her. Du hast die Möglichkeit, kleine Auflagen deiner Motive zu drucken. Einfarbig oder mehrfarbig. Kleine Postkartenserien, Etiketten oder Poster. Was du mitnimmst? Einen ganzen Stapel selbst gemachter Drucke und die Druckerfahrung mit allen Tipps und Tricks.

Weitere Infos findest du auf unserer Website.

www.studio-lula.com

DANKE

Tausend Dank für das Erfinden dieser uns so sehr ans Herz gewachsenen Drucktechnik, Émilie Aizier-Brouard!

Den herzlichsten Dank an Karin und Bertram Schmidt-Friderichs, Brigitte Raab, Viktoria Napp und alle lieben Verlagsmenschen, die an diesem Buch mitgewirkt haben.

Ein riesiges Dankeschön an Armin Brenner und Markus John der Type Foundry New Letters für die wundervolle Tilde.

Die fotografischen Vorlagen für die gedruckten Kapiteltrenner haben wir Edwin Emerlich zu verdanken. Danke Eddy!

Eine dicke Umarmung und ewige Dankbarkeit an Achim, Addi, Alex, Almut, Anka, Carlo, Elfriede, Eva-Lotta, Flo, Gertrud, Gustav, Hanna, Heike, Helge, Idamarie Sofie, Ingrid, Joachim, Jonas, Jonathan, Katharina, Katrin, Knut, Lars, Lena, Lisa, Ludwig, Marvin, Mathes, Max, Meta, Micha, Michael, Miri, Nadja, Nicky, Noah Leo, Rebecca, Richard, Sebastian, Silvie, Sina, Sofie, Tanja, Thekla, Thommy, Tobias, Tonio, Vroni, Waltraud und Yasi.

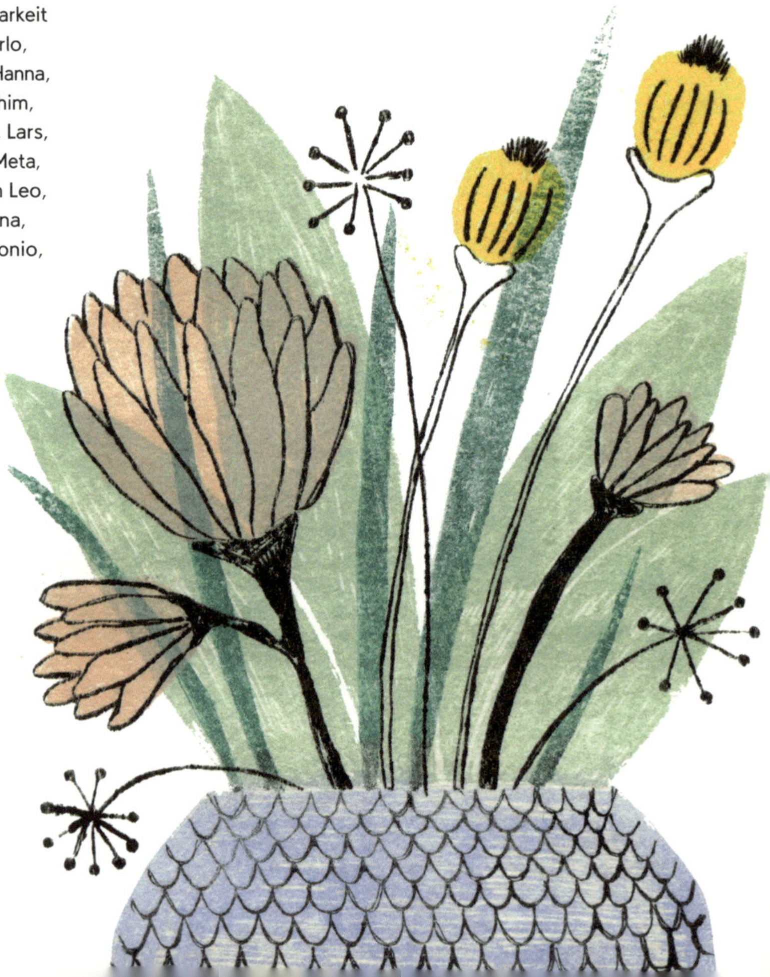

IMPRESSUM

5. überarbeitete und erweiterte Auflage 2025

Die Autorin und der Autor versichern, dass dieses Buch ohne den Einsatz von Künstlicher Intelligenz entstanden ist.

Idee, Illustrationen, Fotografien und Text:
Laura Sofie Hantke und Lucas Grassmann

Gestaltung und Satz:
Laura Sofie Hantke und Lucas Grassmann

Korrektorat:
Karoline Deißner,
Dr. Sabine A. Werner

Lithografie und Reinzeichnung:
Laura Eckes, Isabell Henninger, Mila Albrecht

Verwendete Schrift:
Tilde von Armin Brenner und Markus John
www.new-letters.de

Papier:
120 g/m² Salzer EOS 1,5, blauweiß
70 g/m² Salzer EOS 1,5, blauweiß

Druck:
Memminger MedienCentrum, Memmingen

Buchbinderische Weiterverarbeitung:
Conzella Verlagsbuchbinderei, Pfarrkirchen

Wir übernehmen Verantwortung.
Nicht nur für Inhalt und Gestaltung, sondern auch für die Herstellung. Das Papier für dieses Buch stammt aus sozial, wirtschaftlich und ökologisch nachhaltig bewirtschafteten Wäldern und entspricht deshalb den Standards der Kategorie »FSC Mix«.

Das Memminger MedienCentrum ist FSC-zertifiziert. FSC ist eine Organisation, die sich weltweit für eine umweltgerechte, sozialverträgliche und ökonomisch tragfähige Nutzung der Wälder einsetzt, Standards für nachhaltige Waldwirtschaft sichern und regelmäßig deren Einhaltung überprüfen. Durch die Zertifizierung ist sichergestellt, dass kein illegal geschlagenes Holz aus dem Regenwald verwendet wird. Den Wäldern wird nur so viel Holz entnommen, wie natürlich nachwächst. Hierbei werden klare ökologische und soziale Grundanforderungen eingehalten.

»Die Zukunft sollte man nicht vorhersehen wollen, sondern möglich machen.«
Antoine de Saint-Exupéry

Bücher haben feste Preise!
In Deutschland hat der Gesetzgeber zum Schutz der kulturellen Vielfalt und eines flächendeckenden Buchhandelsangebotes ein Gesetz zur Buchpreisbindung erlassen. Damit haben Sie die Garantie, dass Sie dieses und andere Bücher überall zum selben Preis bekommen: Bei Ihrem engagierten Buchhändler vor Ort, im Internet, beim Verlag. Sie haben die Wahl. Und die Sicherheit. Und ein Buchhandelsangebot, um das uns viele Länder beneiden.

verlag hermann schmidt
Gonsenheimer Straße 56
55126 Mainz
Tel. 06131 – 50 60 0
E-Mail: info@verlag-hermann-schmidt.de
www.verlag-hermann-schmidt.de
Instagram/Tiktok: VerlagHSchmidt
facebook: Hermann Schmidt Verlag

Printed in Germany with Love.
ISBN 978-3-87439-960-9

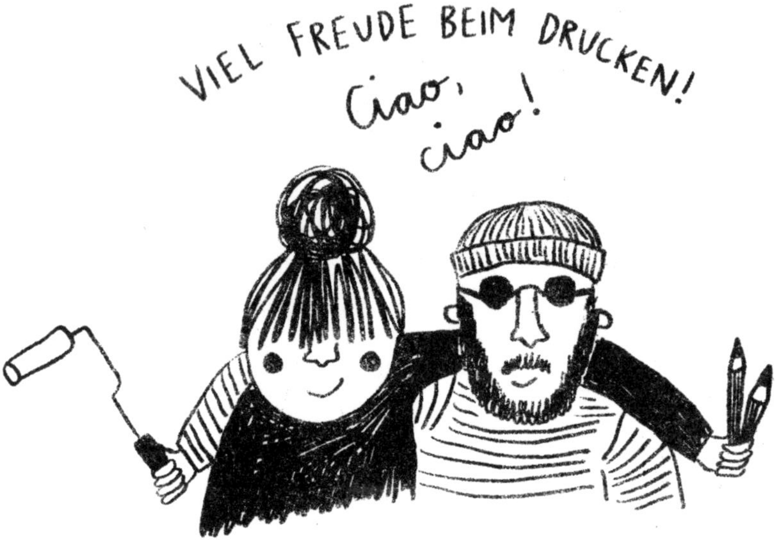
VIEL FREUDE BEIM DRUCKEN!
Ciao, ciao!